오늘도 견뎌온 당신에게

NHK SYUPPAN MANABI NO KIHON　KIZUTSUKI NO KOKORO GAKU
ⓒ 2024 Miyaji Naoko
All rights reserved.
Original Japanese edition published by NHK Publishing, Inc.

This Korean edition is published by arrangement with NHK Publishing, Inc., Tokyo
in care of Tuttle-Mori Agency, Inc., Tokyo through AMO Agency, Korea.

이 책의 한국어판 저작권은 AMO 에이전시를 통해 저작권자와 독점 계약한 주식회사 에이콘온에 있습니다.
저작권법에 의해 한국 내에서 보호를 받는 저작물이므로 무단 전재와 무단 복제를 금합니다.

오늘도 견뎌온 당신에게

상처받은 마음을 다시 일으키는 심리 수업

미야지 나오코 지음 박혜경 옮김

시작하며

상처는 관계에서 오고, 관계로 치유된다

왜 지금, '상처'에 대해 생각해야 할까? 그 이유는 결국 인간이 혼자서는 살아갈 수 없는 존재이기 때문이다.

우리는 타인과 관계를 맺으며 살아가야 하고, 그 관계 속에서 수많은 상처를 겪는다. 사람과 사람 사이의 상처는 피할 수 없는 현실이다.

오늘날 인간관계를 둘러싼 환경은 과거와는 크게 달라졌다. 이 책은 그 변화 중 하나로, 우리가 현실과 온라인이라는 두 세계를 넘나들며 살아가게 된 사실에 주목한다.

이제는 인터넷과 스마트폰이 없는 일상은 상상하기조차 어렵다. 온라인 커뮤니케이션의 비중이 커진 것은 너무도 당연한 현실이 되었지만, 그 당연함을 되짚어보는 일은 매우 중요하다.

우리는 지금 무엇에 상처받고 있는가? 그리고 얼마나 쉽게 다른 이에게 상처를 줄 수 있는가? 온라인이라는 공간이 관계의 폭을 넓혀주기도 했지만, 동시에 상처받는 방식도 훨씬 복잡하고 미묘해졌다. 이 책은 그런 시대의 변화 속에서 '상처'라는 감정에 다시 주목할 필요가 있다고 말한다.

우리의 몸과 마음이 지닌 본질은 과거에도, 미래에도 크게 달라지지 않는다. 아기는 현대 사회에 적합한 뇌를 갖고 태어나는 것이 아니라, 누군가의 보살핌 없이는 살아갈 수 없는 상태로 세상에 나온다. 우리는 그렇게 타인과의 관계 속에서 배우고 성장하며, 다음 세대에게 지혜와 경험을 전하게 된다.

우리는 모두 삶의 초보자다. 과학기술이 아무리 발전해도, 가족이나 친구 관계에서 겪는 고민은 여전히 낯설고 어렵다.

인간관계를 처음부터 잘하는 사람은 없다. '애착', '신뢰', '안전' 같은 기본적인 정서는 시대가 변해도 변하지 않는다.

인간은 때로 어리석고, 때로는 현명하다. 다정하면서도 잔인할 수 있고, 서로를 지지하기도 하지만 비난하기도 한다. 이러한 면들이 어떤 방식으로 드러나는지는 사회와 문화, 그리고 인간관계를 맺는 우리의 방식에 따라 달라진다.

사회와 문화를 형성하는 주체가 우리 자신이라는 점에서, 인간관계를 돌아보고 상처를 성찰하는 일은 곧 더 나은 사회를 만드는 첫걸음이 된다.

이 책이 전하고자 하는 메시지는 분명하다. 상처를 주거나 받았다고 해서 모든 것이 끝난 것은 아니다. 그러니 절망하지 말고, 인간관계에서 물러서지 말자.

또한, 상처에 갇혀 고립되는 악순환에 빠지지 않기를 바란다. 상처받았다고 해서 그 자리에 멈춰 서 있을 필요는 없다. 상처를 다루는 방법은 얼마든지 있으며, 그 경험을 통해 우리는 배움과 깨달음, 그리고 내면의 성숙을 얻을 수 있다.

우리는 상처 없는 세상을 살 수는 없다. 그러나 상처를 줄이는 사회, 상처를 이해하고 보듬을 수 있는 관계망은 함께 만들어갈 수 있다. 그 가능성을 믿고, 지금 이 순간 다시 한 번 '상처'에 대해 생각해 보자. 이것이 이 책이 전하고자 하는 핵심 메시지다.

차례

시작하며 상처는 관계에서 오고, 관계로 치유된다 _____ 005

1장 상처가 일상이 된 시대

1-1 우리는 왜 이토록 예민해졌을까? _____ 014
1-2 보이지 않는 마음의 흉터 _____ 017
1-3 연결된 사회, 단절된 마음 _____ 019
1-4 익명 뒤에 숨은 말의 칼날 _____ 021
1-5 함께 있지만 외로운 시대 _____ 024
1-6 연결의 피로, 상처의 시대 _____ 027

2장 상처의 두 얼굴, 받은 상처와 준 상처

2-1 깊은 마음의 흔적, 트라우마와 일상의 상처 ──────── 034
2-2 상처받는 마음, 채워지지 않은 욕구 ─────────── 038
2-3 사랑받고 싶어서 더 아픈 마음 ──────────────── 041
    사례 1 ─────────────────────────── 042
2-4 존중과 자기실현 욕구에서 비롯된 마음의 상처 ────── 044
2-5 혼자가 아닌 우리, 치료공동체와 상처 극복 ──────── 047
2-6 보이지 않는 칼날 ───────────────────── 051
2-7 정의감이라는 이름의 폭력 ───────────────── 054
2-8 상처받을 용기, 관계의 시작 ─────────────── 057

3장 모든 상처는 연습이 필요하다

3-1 가장 가까운 사이가 가장 아프다 _____ 064
    사례 2 _____ 064
    사례 3 _____ 067

3-2 상처는 인간을 이해하는 문 _____ 069
3-3 상처받는 연습이 필요한 이유 _____ 071
3-4 상처받음, 그 너머의 희망 _____ 075
3-5 상처를 통해 배우고 성장하기 _____ 077
    사례 4 _____ 077

3-6 상처 속에 피어나는 신뢰 _____ 080
3-7 가족 간의 상처를 푸는 법 _____ 082
    사례 5 _____ 082

3-8 마음의 흉터를 꽃피우는 법 _____ 085
3-9 상처와 마주할 때 우리가 해야 할 일 _____ 087
3-10 상처 주는 말에도 온도가 있다 _____ 090

4장 상처와 함께 살아가는 법

4-1 아프지만 아름다운, 상처와 함께하는 삶 --------- 094
4-2 치유의 첫걸음, 공감 ------------------ 097
4-3 내 안의 아이를 보듬는 연습 ------------- 101
4-4 회복의 첫걸음, '안전한 공간'과 '쉼' ---------- 104
4-5 상처를 회복하는 두 방식, 마주함과 흘려보냄 ------ 109
4-6 마주할 용기, 놓아주는 지혜 -------------- 112
4-7 마음을 다스리는 리듬, 양측 자극의 힘 --------- 115
4-8 상처받은 사람 곁에서, 그리고 나 자신에게 ------- 118
4-9 그저 곁에 있어 주는 것만으로도 큰 힘이 된다 ----- 121
    사례 6 ---------------------------- 121

끝맺으며 -------------------------------- 124
옮긴이의 말 ------------------------------ 125

1장
상처가 일상이 된 시대

*"일보다 사람에 더 지칩니다.
그런데도 내 감정은 항상 후순위였습니다."*

1-1

우리는
왜 이토록 예민해졌을까?

 인간은 오랜 시간 집단을 이루며 살아왔고, 그 과정에서 서로에게 상처를 주고받으며 살아왔다. 이러한 삶의 방식은 과거에도 그랬고, 현재도 크게 다르지 않다.

 인간의 마음은 본래 상처받기 쉬운 존재다. 시대가 바뀌어도 인간의 감정과 마음의 본질은 크게 변하지 않는다. 그러나 현대 사회는 과거와는 비교할 수 없을 정도로 빠르게 변화하고 있으며, 이러한 변화는 '상처'를 둘러싼 환경에도 깊은 영향을 미치고 있다.

 세계화와 디지털화, 기후 변화 등 복합적인 요인으로 인해 우리는 예측할 수 없는 시대를 살아가고 있다. 어떤 직업이 살아남을지, 어떤 일자리가 인공지능에 의해 대체될지에 대한 불안은 세대와 계층을 불문하고 모든 이들의 마음에 무거운 짐으로 작용하고 있다. 자연재해, 원자력 사고, 대지진에 대한 우려도 우리의 일상에 불확실성과 불안을 더한다.

저출산과 고령화 역시 중요한 사회 변화다. 이는 '생로병사' 중 '노(老)·병(病)·사(死)'의 비중이 더욱 커지는 시대를 의미한다. 그 때문에 병이나 죽음, 이별의 상황을 더 자주 마주하게 되며, 간병과 돌봄에 따른 육체적·정신적 부담 또한 증가하고 있다.

가족 간의 관계도 상처의 주요한 원인이 된다. 서로를 이해하고 지지하며 살아가는 이상적인 가족의 모습은 현실과는 거리가 있다. 가까운 관계일수록 사소한 다툼이 쉽게 일어나며, 단순히 거리를 두는 것으로 해결할 수 없기에 갈등은 오히려 더 깊어지기도 한다. 가족이라는 이유로 서로를 당연히 이해할 것이라는 기대, 사랑이 있기 때문에 지지할 것이라는 전제는 오히려 소통을 어렵게 만들 수 있다. 특히 저출산과 고령화로 인한 돌봄 부담이 증가하면서 가족 구성원 간의 여유가 줄어들고, 상처는 더욱 빈번히 생기고 있다.

더 큰 문제는 가족을 대신할 새로운 '공동체 모델'이 부재하다는 점이다. 즉, 가족이 아닌 사람들과 서로를 지지하며 살아갈 수 있는 삶의 방식이 사회적으로 정립되지 않았기 때문에 많은 이들이 각자도생의 방식으로 고립되어 살아가고 있다. 그 결과 '모든 것을 혼자 해결해야 한다'는 개인 책임론이 강화되고 있으며, 이는 마음의 부담을 더욱 키우는 원인이 된다.

인터넷과 디지털 기술의 발전 또한 상처받기 쉬운 사회를 만드는 또 다른 요인이다. 코로나 팬데믹 이후 사람들은 물리적으로 거리를 두며 살아야 했고, 그로 인해 온라인 소통은 폭발적으로 증가했다. 하지만 온라인 커뮤니케이션은 세대에 따라 방식이 다르고, 익명성과 규범 부재로 인해 악성 댓글과 무례한 표현이 난무하는 공간으로 변질되기도 한다.

이제는 심리적 거리와 물리적 거리가 더 이상 일치하지 않는 시대가 도래했다. 인간관계는 더욱 복잡하고 예측하기 어려운 양상을 띠고 있으며, 누구나 쉽게 의견을 표현할 수 있지만 그 말 한마디가 누군가에게는 깊은 상처가 되기도 한다.

결국 현대 사회는 '상처받기 쉬운 시대'라 할 수 있다. 그리고 마음의 상처는 단지 정신의학이나 심리학의 관점만으로 설명할 수 있는 문제가 아니다. 인간의 마음은 사회와 문화의 영향을 깊이 받기 때문이다.

이 장에서는 바로 이러한 현대 사회가 어떻게 우리의 마음을 더 쉽게 상처 입히는 구조를 만들어내고 있는지를 살펴보고자 한다.

1-2

보이지 않는
마음의 흉터

먼저, 이 책에서 다루고자 하는 '상처'의 의미를 분명히 짚고 넘어가고자 한다.

사람의 마음은 충격적인 일을 겪을 때 깊이 다친다. 정신의학이나 심리학에서는, 과거에 감당하기 어려운 사건을 겪고 그 경험에서 비롯된 두려움이나 불쾌한 감정이 지금까지도 영향을 미치는 상태를 '트라우마'라고 정의한다.

트라우마는 보통 대규모 자연재해, 사고, 흉악 범죄처럼 생명의 위협을 동반한 경험이나, 성폭력처럼 마음을 압도할 만큼 충격적인 사건에서 비롯되는 경우가 많다. 그중 가장 널리 알려진 것이 PTSD(외상 후 스트레스 장애)이다. PTSD는 트라우마 이후 시간이 한참 흘렀음에도 특정 증상이 지속되어 일상생활이나 사회생활에 지장을 주는 상태를 말한다. 하지만 생명을 위협하는 사건만이 마음을 다치게 하는 것은 아니다.

무시당하거나, 거절당하거나, 비난받는 경험만으로도 마음은 깊은 상처를 입는다.

자신이 부정당했다는 느낌, 배신감, 수치심, 고독감, 소외감 같은 감정은 충분히 사람을 괴롭게 만든다. 실제로 그런 일을 겪지 않았더라도, 무시당하거나 거절당할지도 모른다는 불안만으로도 인간의 마음은 쉽게 상처를 입는다.

사소한 말 한마디나 작은 오해만으로도 마음이 흔들리는 이유는, 인간의 마음이 그만큼 섬세하고 연약하기 때문이다. 하지만 우리는 이런 '일상의 사소한 상처'를 대수롭지 않게 여기고, 때로는 애써 모른 척 넘기곤 한다.

그러나 PTSD처럼 뚜렷한 트라우마가 아니더라도, 반복되는 일상의 작은 상처들이 제대로 다뤄지지 않으면 심리적·신체적 불편을 초래하고, 심할 경우 일상 전체를 무너뜨릴 수 있다.

이 책은 우리가 흔히 지나치는 '일상의 상처'를 다시 한번 돌아보고 거기서 무엇을 이해하고 배울 수 있는지에 대해서 함께 고민해 보고자 한다.

1-3

연결된 사회, 단절된 마음

 요즘 임상 현장이나 대학에서 학생들을 지켜보면, 예전보다 '일상 속 상처'가 훨씬 많아졌다는 인상을 받는다. 앞서 언급했듯이, 그 원인은 한두 가지로 설명하기 어렵다. 이 장에서는 그중에서도 특히 '인터넷 사회와 현대 생활'이 우리 마음에 어떤 영향을 주고 있는지에 초점을 맞춰 이야기하고자 한다.

 지금 우리 대부분은 스마트폰을 손에 쥐고, 하루 종일 인터넷 속을 살아간다.

 지하철 안을 둘러보면 대부분 사람이 고개를 숙인 채 스마트폰을 들여다보고 있다. 그들이 보고 있는 것은 뉴스, SNS, 유튜브, 각종 정보들이다. 하지만 스마트폰은 단순히 정보를 읽는 기계가 아니다.

  이제는 누구나 손쉽게 사진을 찍고, 동영상을 녹화하며, 음성을 저장할 수 있고, 단 한 번의 터치로 그것을 전 세계에 공유할 수 있는 시대가 되었다. 이는 곧, 누구든 원하지 않게 '노출될 수 있는 위험'에 항상 노출되어 있다는 뜻이기도 하다. 실제로는 극히 소수의 사람만 볼 수도 있지만, 중요한 건 '언제든지, 누구에게든 보일 수 있다'는 불안감이다.

  인터넷을 통해 개인정보는 쉽게 수집되고, 단순한 검색만으로도 한 사람의 정보가 정리된 채 드러나는 세상에 우리는 살고 있다.

  이런 환경 속에서, 비록 소수의 사람에게만 노출되었더라도 내가 원치 않는 이에게 노출되었다는 사실, 혹은 알리고 싶지 않은 사람이 내 정보를 알고 있다는 사실은 누구에게나 깊은 고통이 된다.

1-4

익명 뒤에 숨은
말의 칼날

 손바닥 위에 올려놓을 수 있는 작은 스마트폰. 하지만 이 기계는 사실 전 세계로 열린 거대한 창문과도 같다. 우리는 이 창문을 통해 다른 사람을 들여다볼 수도 있고, 동시에 우리 자신도 누군가에게 보여지는 세상 속에 살아가고 있다. 그러다 보니 상처를 받을 수 있는 상황 역시 함께 늘어나고 있다.

 예를 들어, 내일 친구와 저녁 약속이 있다면 대부분 어떻게 할까?

 아마 먼저 인터넷으로 식당을 검색하고, 리뷰를 확인하는 일이 자연스럽게 이어질 것이다.

 리뷰는 사용자로서는 매우 유용한 정보다. 하지만 식당을 운영하는 사람은 어떨까?

매일같이 정성을 들여 가게를 꾸리고, 음식 하나하나에 최선을 다해도, 단 한 줄의 부정적인 평가가 그 모든 노력을 무너뜨릴 수 있다.

그 평가 내용은 누구든 볼 수 있고, 삭제되지 않은 채 공개적으로 남는다. 마치 자신의 성적표가 온 세상 사람에게 공개된 것과 같다.

어떤 사람들은 이렇게 말할지도 모른다.

"어쩔 수 없지. 고객이 중심인 시대니까 더 노력해야 해."

"이런 시스템에 적응해야 살아남을 수 있어."

물론 이런 사고방식도 어느 정도 필요하다. 하지만 누구도 점수를 받으려고 식당을 운영하지는 않는다. 게다가 그 점수가 부모님이나 예전의 경쟁자처럼, 보여주고 싶지 않은 사람에게까지 공개된다면 그건 정말 괴로운 일이다.

또 한 가지 주의할 점이 있다.

지금은 대부분의 평가가 '익명'으로 올라온다는 사실이다. 익명성은 자유로운 의견 표현을 가능하게 하지만, 동시에 무책임한 말이나 악의적인 댓글도 쉽게 퍼질 수 있는 구조다.

어느 날 갑자기 예상하지 못한 날카로운 말이 나를 향할 수 있고, 반대로 내가 무심코 던진 말이 누군가에게 깊은 상처를 줄 수도 있는 세상이다.

 우리는 지금, 그런 시대에 살고 있다.

1-5

함께 있지만
외로운 시대

　인터넷과 SNS 덕분에 우리는 이제 온라인과 현실, 두 가지 방식으로 소통하며 살아가고 있다. 하지만 온라인 커뮤니케이션이 우리에게 정말로 더 따뜻하고 친밀한 소통의 기회를 가져다주었을까?

　단순히 텍스트나 영상을 주고받는 것으로, 우리는 진정한 연결을 느낄 수 있을까?

　우리는 몸을 가진 인간이기에 현실 세계를 완전히 피할 수 없다. 그리고 이 현실 속에서는 분명한 변화가 일어나고 있다.

　예를 들어, 과거에는 대학 강의가 끝난 뒤 친구들이 자연스럽게 모여 대화를 나누는 모습이 흔했다. 하지만 이제는 옆에 앉은 친구가 스마트폰을 들여다보고 있으면 말을 거는 것조차 망설여진다.

그 친구는 어쩌면 다른 사람과 메시지를 주고받고 있거나, 이미 다른 약속을 잡고 있을지도 모르기 때문이다.

이처럼 우리는 멀리 있는 사람들과는 쉽게 연결될 수 있는 시대에 살고 있지만, 정작 바로 옆에 있는 사람과의 연결은 방해받고, 어색하게 느껴지는 경우가 많아졌다.

SNS에서는 친구 신청 하나로 금방 관계를 맺을 수 있지만, 실제 현실에서는 새로운 인연을 시작하기가 점점 더 어려워지고 있다.

일본에는 '욧토모(よっ友)'라는 말이 있다. 길에서 마주치면 가볍게 인사만 나누고 지나치는 친구를 뜻하는 말이다. 즉, 인사만 오가는 관계일 뿐, 깊은 관계로 발전하지 않는 사람을 가리킨다.

　이렇듯 겉으로는 연결되어 있는 듯 보이지만, 실질적인 소통이 이루어지지 않아 외로움을 느끼는 사람들은 생각보다 많다.

　우리는 이제 온라인과 현실이라는 두 세계를 넘나들며 살아간다. 하지만 어느 한쪽만으로는 우리의 삶이 온전히 채워지지 않는다. 원래는 현실을 보완하기 위해 만들어진 온라인 공간이, 이제는 독자적인 흐름을 형성하며 오히려 현실이 그 흐름을 따라가야 하는 시대가 되어버렸다.

1-6

연결의 피로,
상처의 시대

 일본 후생노동성(厚生労働省, 우리나라의 '보건복지부' 또는 '고용노동부'에 해당)이 3년마다 발표하는 환자 조사 통계에 따르면, 우울증 등 감정 장애로 병원을 찾는 사람이 점점 늘어나는 추세다.

 정신건강에 대한 관심이 높아지면서 정신과 진료의 접근성이 개선되었고, 이를 찾는 데 대한 사회적 인식도 한층 유연해졌다. 다양한 유형의 우울증이 새롭게 정의된 점도 이러한 증가 배경에 포함된다. 하지만 숫자뿐 아니라 체감상으로도 감정 장애를 겪는 사람이 늘고 있다는 느낌은 분명하다.

 이 현상은 현대인의 삶의 방식과 밀접한 관련이 있다.

 지금 사회는 마치 '의자 뺏기 게임'이 끝나지 않는 상태와 같다. 음악이 계속 흘러 사람들은 긴장을 풀지 못한 채 계속 움직인다. 이때 신체는 교감신경이 우세한, 즉 흥분 상태에 놓이게 된다.

스마트폰을 손에서 놓지 못하고, 메시지를 바로 확인하며 답장하는 일이 일상이 된 지금은, 그 음악이 멈추지 않는 게임 속에 있는 것과 같다.

메시지 앱이나 SNS는 원래 각자 편할 때 주고받는 도구로 설계되었지만, 현실에서는 실시간으로 반응하기를 바란다.

상대와의 관계에 따라 즉시 답장을 해야 할 것 같은 압박을 느끼고, 답이 늦으면 상대가 기분 나빠하지 않을까 걱정한다. 이로 인해 긴장이 지속되고, 몸과 마음이 서서히 소진된다.

게다가 잠자리에서도 스마트폰을 머리맡에 두는 사람이 많다.

언제 알림이 올지 모른다는 생각에 깊은 잠을 이루기 어렵고, 이는 곧 피로 누적과 정서적 탈진으로 이어진다. 물론 스마트폰은 삶의 효율성을 높여주는 도구이지만, 쉴 틈조차 앗아가고 있다는 사실도 무시할 수 없다.

이런 세상에서는 의식적으로 '마음이 쉴 시간'을 확보하지 않으면 자신의 리듬을 잃고 다른 사람의 눈치를 보게 된다.

마음에 여유가 없으면 작은 말에도 쉽게 상처받고, 반대로 자신도 모르게 타인에게 상처를 줄 수도 있다.

불안과 짜증이 쌓이면 상대에게 날카로운 말을 하거나 무심하게 대하게 되고, 그 결과 또 다른 상처를 만드는 악순환이 반복된다.

우리가 무엇에 상처받고, 어떻게 상처를 주게 되는지는 이 사회와 문화의 모습에서 확인할 수 있다.

즉시 답장하지 않으면 불성실하다고 여겨지고, 아는 사람보다 모르는 사람의 시선을 더 신경 쓰는 일이 점점 늘어나는 것이 그 예다.

이런 점에서 지금 이 시대를 살아가는 사람들에게 '연결의 피로'와 '상처의 시대'라는 표현이 잘 어울린다.

다음 장에서는 이 시대에 우리가 받는 상처와, 때로는 자신도 모르게 주는 상처에 대해 더 깊이 살펴보고자 한다.

2장
상처의 두 얼굴, 받은 상처와 준 상처

"나는 분명 피해자라고 생각했는데,
어느 날 문득 누군가의 상처가 되어 있었습니다."

2-1

깊은 마음의 흔적, 트라우마와 일상의 상처

앞서 온라인과 현실이라는 두 세계를 넘나들며, 우리의 마음이 왜 이렇게 쉽게 상처받게 되었는지 살펴보았다. 이번에는 '상처'가 무엇인지, '받는 상처'와 '주는 상처'라는 두 가지 측면에서 자세히 다뤄보고자 한다.

트라우마는 충격적인 사건을 겪은 후 생기는 마음의 상처, 즉 심리적 외상을 의미한다. 원래 '트라우마'라는 말은 신체의 상처를 뜻했으나, 시간이 지나면서 '정신적 외상'을 지칭하는 말로 사용되기 시작했다.

일본에서 '트라우마'라는 개념이 주목받기 시작한 것은 1995년 고베 대지진과 도쿄 지하철 사린 가스 사건 이후다. 그때부터 '외상 후 스트레스 장애(PTSD)'라는 병명이 소개되었고, 이재민과 피해자, 유가족들의 '마음의 치유' 중요성이 강하게 제기되었다.

신체의 상처는 눈에 보이지만, 마음의 상처는 눈에 보이지 않기 때문에 그 심각성을 가늠하기 어렵다. 게다가 트라우마 경험은 너무 충격적이어서 피해자가 말을 잃기도 한다. 이처럼 트라우마는 이야기하기 어려운 성격을 지니며, 그 심각성을 쉽게 알기 어려운 특성이 있다.

트라우마로 인해 나타나는 반응은 매우 다양하다. 개인적으로 고통으로 나타나기도 하고, 대인관계의 변화로 드러나기도 한다. PTSD의 주요 증상은 크게 네 가지로 나눌 수 있다.

첫째, 지나치게 긴장하고 경계하는 상태가 지속되는 '과각성'이다. 이때 교감신경이 과도하게 활성화되어 편안한 마음을 느끼지 못하고, 음식을 먹거나 잠을 자는 것도 어려워진다.

둘째, '재경험 증상'은 트라우마를 겪었던 기억이 시각, 청각, 촉각 등의 감각을 통해 되살아나는 현상이다. 과거의 사건이 현재처럼 생생하게 다가와 사건이 언제 일어났는지 구분하지 못하기도 한다(이를 '플래시백'이라고 한다).

셋째, '회피 증상'은 트라우마와 관련된 사건이나 경험을 떠올리게 하는 것을 피하려는 행동이다.

넷째, '부정적인 인지와 기분'은 마음이 위축되어 긍정적인 감정을 거의 느끼지 못하고 자신이나 타인, 세상에 대해 부정적인 생각을 하는 상태를 말한다.

앞서 이 책에서 다루는 '일상적인 상처'는 트라우마와는 다른 개념이라고 언급했다. 하지만 트라우마 경험에서 나타나는 반응을 설명한 이유는, 일상적인 상처도 때로 트라우마와 유사한 반응을 일으킬 수 있기 때문이다. 물론 일상적인 상처는 트라우마처럼 심각한 영향을 미치지는 않지만, 낮은 수준에서 유사한 반응을 불러일으킬 수 있다.

또한, 정신건강의과적 병명이 붙지 않는 수준의 마음의 상처도 적지 않다. 신체의 상처처럼 마음의 상처도 여러 가지 형태가 있다. 긁힌 상처, 베인 상처, 맞은 상처 등 다양한 종류가 있듯이, 마음의 상처도 그 통증과 깊이가 다르다. 작고 얕아 보여도 깊고 넓게 퍼지거나 염증이 생기거나 곪아 있을 수 있다.

예를 들어, 사소한 말 한마디에 지나치게 민감하게 반응하는 경우가 있다. 이때 눈앞에서 벌어진 사건은 과거 트라우마를 자극하는 '방아쇠'로 작용하며, 과거 사건을 재경험하거나 회피하는 증상이 나타날 수 있다. 그런 후에는 본인조차 '왜 그렇게 크게 동요했을까?' 하고 의아해할 수도 있다. 어쩌면 우리가 일상에서 느끼는 불쾌감 속에는 더 깊은 마음의 상처가 숨어 있을지도 모른다.

  이처럼 사회에서는 괴롭힘, 학대, 폭력 등으로 피해를 입은 사람도 적지 않다. 따라서 평소 덮어두고 잊으려 했던 사건들이 아주 작은 계기로 되살아날 수 있다는 점을 모두가 알아야 한다.

2-2

상처받는 마음,
채워지지 않은 욕구

 트라우마 경험이 말로 표현하기 어려운 것처럼, '상처'도 비슷한 성질을 가지고 있다. 예를 들어, "왜 이렇게 우울하고 괴로운지 모르겠다."거나 "왠지 눈물이 나서 참을 수 없다."고 느껴본 적이 있을 것이다. 이때 괴로움의 원인을 모르거나, 자신이 고통받고 있다는 사실조차 자각하지 못하는 경우도 있다.

 이러한 막연한 답답함 속에는 실제로 '상처'가 숨어 있을 수 있다. 중요한 점은, 자신이 왜 그런 기분을 느끼는지, 마음의 어떤 부분이 상처받았는지를 알아차릴 수 있다면, 그 원인을 피하거나 다룰 수 있다는 것이다.

 상처를 치유하는 방법은 매우 다양하지만, 여기서는 '매슬로(Abraham Harold Maslow, 미국의 철학자이자 심리학자)의 욕구 5단계설'을 활용해 상처를 설명하고자 한다. 매슬로는 인간의 욕구를 다섯 가지로 나누었다.

1. 생리적 욕구
2. 안전의 욕구
3. 애정과 공감의 욕구
4. 존중 욕구
5. 자기실현의 욕구

매슬로는 기본 욕구인 '생리적 욕구'가 충족되지 않으면 그 위의 욕구를 충족시키기 어렵다고 보았다. 이를 '욕구 단계 이론'이라고 한다. 이 이론을 통해 상처를 분석하면 다음과 같다.

먼저, 충분한 수면이나 음식 섭취가 어려운 등의 생리적 욕구 불충족 문제는 가정폭력이나 아동학대 등 심각한 경우에 주로 나타난다. 그러나 이는 '일상적인 상처'에는 해당되지 않는다.

그렇다면 '안전의 욕구'는 어떨까? 안전 욕구는 단순히 신체적 안전만을 의미하지 않는다. 고용 안정, 가족과 재산 보호 등도 포함된다. 예를 들어, "지금은 직장이 있지만 언제 해고될지 모른다.", "AI가 발전하면서 내 일이 사라질 수 있다.", "고령화로 의료복지가 부족해질 수도 있다.", "언제 지진이 일어날지 모른다."는 생각들이 들 때 우리의 안전 욕구는 충족되지 않은 상태가 된다.

실제로는 안전한 상황일지라도, 불확실한 미래에 대한 불안이 커져 마음의 안도감을 느끼기 어려운 시대가 바로 지금이다.

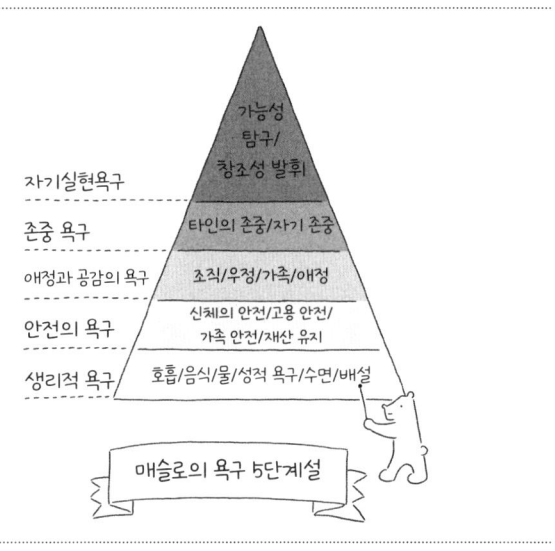

이처럼 안도감이 사라지면 사람은 쉽게 상처받기 쉬워지고, 다른 사람에게 상처를 주기도 쉽다. 마음의 안도감과 여유가 사라지기 때문이다.

2-3

사랑받고 싶어서
더 아픈 마음

일상적인 '상처'는 애정과 공감의 욕구와 깊은 관련이 있다. 어떤 경우에 적용되는지 하나씩 예를 들어 살펴보겠다.

애정과 공감의 욕구는 주로 복잡한 인간관계에서 발생하는 문제를 뜻한다. 예를 들어, 표면적으로는 관계가 있지만 깊은 대화를 나눌 친구가 없거나, 애인이나 소속된 집단 내에서 갈등이 있을 때가 이에 해당한다. 지금까지 인간관계는 주로 대면으로 이루어졌지만, 앞서 언급했듯이 현대 사회에서는 온라인과 현실 세계를 넘나드는 것이 자연스러운 일이 되었다. 그렇기에 우리는 양쪽 세계 모두에서 능숙하게 대응할 수 있어야 한다.

누구나 복잡한 인간관계에 잘 적응할 수 있으면 좋겠지만,

둘 중 하나의 세계에 적응하지 못하는 사람도 있다. 이런 상황에서는 능숙하게 적응하는 사람과 그렇지 못한 사람 사이의 격차가 커지고, 적응하지 못하는 사람에게는 상처의 씨앗이 될 수 있다.

'애정과 공감의 욕구'에는 가족 간의 문제도 포함된다. 다음 사례를 통해 이를 살펴보겠다.

사례 1

"아이들이 독립하고 지금은 남편과 단둘이 살고 있습니다. 시부모님을 모시다 돌아가신 후, 떨어져 사는 아들들은 하고 싶은 일을 하면서 살라고 합니다. 하지만 저는 평생 가족을 돌보며 살아왔기에 별다른 취미도 없습니다. 가끔 아들이나 손주들을 챙기고 싶어도 귀찮아하는 듯해서 눈치를 보게 됩니다. 스마트폰 사용법을 배워서 메시지를 보내도 답장이 오지 않는 경우가 많아 점점 더 쓸쓸해집니다. 하루하루가 회색빛이고, 문득문득 너무 슬퍼질 때가 있습니다."

이 분은 자신이 자각하지 못할 수도 있지만, '애정과 공감의 욕구' 단계에서 상처를 안고 있다. 오랫동안 가족을 돌봐왔지만 어느새 그 역할은 사라지고, 아이들은 독립해 집이 텅 빈 것처럼 느끼기 때문이다. 이는 상실의 경험으로 '빈 둥지 증후군' 상태에 빠지게 만든다.

또한, 아들이 귀찮아하는 모습을 보며 애정 결핍을 느낄 수 있다. 자신은 오랜 시간 애정을 쏟았지만, 그 애정이 돌아오지 않는 것 같고 자신의 돌봄 능력마저 인정받지 못한다고 느낀다. 많은 일로 바쁜 사람들에게는 메시지에 답장하지 않는 것이 큰 문제가 아닐 수 있지만, 사례 1의 어머니 같은 경우에는 답장이 없으면 자신이 소중하지 않다고 느끼기 쉽다.

차가운 반응에 상처받고 외로움을 느끼면서 가족에게 다시 매달리게 되고, 이런 행동이 반복되면 결국 더 큰 미움을 받게 된다. 이런 악순환이 계속되면 가족 관계는 점점 더 악화되고 상처는 깊어진다.

2-4

존중과 자기실현 욕구에서 비롯된 마음의 상처

　존중 욕구로 인한 상처도 매우 중요한 부분이다. 예를 들어, SNS에 게시한 내용에 대해 부정적인 반응이나 악성 댓글을 받을 때, 사람들은 큰 상처를 입는다. 과거에는 비슷한 가치관을 공유하는 특정 동료나 집단 안에서 생활했기 때문에 어느 정도 존중 욕구가 충족되었다. 예를 들어, 전통적인 시골 사회에서는 한정된 사람들끼리 깊이 연결되어 서로의 좋은 일과 나쁜 일을 속속들이 알고 있었다.

　하지만 현대 사회에서는 SNS가 발달하면서 존중 욕구를 요구하는 대상이 불특정 다수로 확대되었다. 그래서 이제는 특정 동료의 '좋아요'가 아니라, 한 번도 만난 적 없는 수많은 사람의 '좋아요'를 더 많이 얻고자 한다. 그러다 보니 공동체라는 테두리는 사라지고, 기댈 곳 없는 막막한 황야에서 무한한 '좋아요'를 받으려다 보니 허탈감을 느낀다. 게다가 SNS의 '좋아요'에는 한계가 없기 때문에, 존중 욕구도 끝없이 이어진다. 이런 상황은 자신의 SNS 계정 팔로워 수를 늘리기 위한 경쟁과도 비슷하다.

자기실현 욕구와 상처도 깊은 관련이 있다. 사람들은 자신이 세운 이상에 도달하지 못할 때—예를 들어 시험에서 떨어지거나 중요한 프로젝트에 선발되지 못하거나, 계획한 일들이 이루어지지 않을 때—큰 상처를 입는다. 사람의 마음을 아프게 하는 요인은 매우 다양하다. 다른 사람에게 거절당하거나, 배신당하거나, 존재를 무시당하거나, 공개적으로 망신을 당하는 등, 사람들 사이에는 100가지 관계가 있으면 100가지 상처가 존재한다고 할 수 있다.

임상 현장에서 나는 환자들에게 자주 묻는다. "마음을 터놓고 이야기할 수 있는 사람이 있나요?", "곤란할 때 상담할 사람이 있나요?"라고 물으면, "가족이나 배우자에게는 마음을 터놓을 수 있다"고 답하는 경우도 있지만, "마음을 터놓을 사람이 아무도 없다"고 말하는 사람도 적지 않다.

곤란한 상황에 직면했을 때, 다른 사람의 시점을 더하면 안고 있던 문제의 다른 측면이 보이거나, 큰 문제라고 생각했던 일이 사실은 사소한 문제였다고 재해석될 수도 있다. 그러나 혼자만의 시점으로는 문제를 정리하거나 해결책을 찾기 어렵다. 평소에는 혼자 있는 것을 좋아하는 사람이라도, 막상 곤란한 순간에 상담할 사람이 없다는 사실이나 자신이 고립되어 있다는 감정은 사람을 더욱 깊은 상처 속으로 몰아넣을 수 있다.

2-5

혼자가 아닌 우리,
치료공동체와 상처 극복

    트라우마를 겪은 사람들에게 회복의 장으로서 치료공동체(Therapeutic Community, TC)나 자조 그룹(Self-Help Group, SHG)은 매우 중요한 역할을 한다. 단순한 치료 공간을 넘어, 상처를 이해받고 지지받으며 회복할 수 있는 안전한 장으로서 기능하기 때문이다. 또한, 같은 아픔을 지닌 이들과의 만남 속에서 고립감을 덜고, 다시 삶의 균형을 찾아가는 출발점이 되기도 한다.

    대표적인 치료공동체로는 알코올 중독자들이 모인 알코올릭스 아노니머스(Alcoholics Anonymous, AA)와 약물 중독자들이 모이는 나르코틱스 아노니머스(Narcotics Anonymous, NA) 등이 있다. 이 밖에도 다양한 상처와 장애를 가진 사람들을 위한 공동체가 존재한다.

그중 홋카이도 우라카와에 있는 '베델의 집'은 1984년 설립 이후 정신질환 등을 앓는 사람들이 지역사회에서 활동할 수 있도록 돕는 치료공동체로 유명하다. 이곳은 "세 끼 밥보다 미팅"이라는 표어 아래, 독특한 방식으로 구성원들의 자립과 회복을 지원한다. 베델의 집에서 가장 중심이 되는 활동은 '대화'이다. 당사자가 주체가 되어 자신이 겪는 환각이나 망상 등의 증상을 적극적으로 받아들이고 대처하는 방법을 그룹과 함께 탐구한다. 특히 그들의 연구 결과 중 당사자들이 도출한 '약함의 정보공개'라는 개념은 매우 인상적이며, 상처를 이해하고 회복하는 데 중요한 발상이다.

「당사자연구」란 온갖 고생을 겪은 '자신'이라는 가마를 메고 나가는 축제와 같을지도 모른다. 이 연구는 누구나 자기 자신을 이해하고, '당사자=통치자'가 되어 간다는 점에서 매우 의미가 있다.

(출처: 우라카와 베델의 집, 『베델의 집』「당사자연구」, 의학서원)

실제로 통합실조증을 앓던 한 남성은 이 당사자연구를 통해 동료와 대화하는 것의 의미와 중요성을 깨달았다. 물론 자신에 대해 이야기함으로써 자연스럽게 동료를 상담할 기회도 늘어난다. 상담을 해주다 보면 새로운 스트레스나 인간관계의 어려움이 생기기도 한다. 이때는 다시 자신에 대해 이야기하는 '약함의 공개'가 필요하다. 동료에게 자신의 고생을 이야기하고, 스스로를 편하게 하며 도움을 받는 경험을 쌓는 것이다. 이러한 고생과 정보공개의 순환을 통해 비로소 회복이 시작된다. 즉, 인간관계 속에서 '약함의 순환'을 일으키는 것이 중요하다.

(출처: 우라카와 베델의 집, 『베델의 집』「당사자연구」, 의학서원)

'약함의 정보공개'로 '약함의 순환'을 일으킨다. 약함을 숨기지 않고 모두가 약함을 안고 있음을 깨닫고 서로의 약함을 인정하며 보듬을 때, 공동체는 점차 따뜻하고 포용력 있는 공간으로 변화한다.

현대 사회에서는 불평하거나 상처받았다고 고백하면 약한 사람으로 취급받기 쉽다. 성공 지상주의와 경쟁, 승부욕이 만연한 사회에서 '베델의 집'과 같은 공동체 모델은 더욱 필요하지 않을까? 우선 자신 내면의 상처를 인정하고 용기를 내어 이야기해 보자. 생각보다 가까운 곳에서 "그 감정 너무 잘 알아!", "나도 그런 경험이 있었어!"라고 공감해줄 동료가 분명 있을 것이다.

2-6

보이지 않는 칼날

 지금까지 주로 자신이 상처받는 상황, 혹은 타인으로부터 상처를 입는 일에 초점을 맞춰 이야기해 왔다. 그러나 상처받는 경험이 늘어난다는 것은, 동시에 다른 사람에게 상처를 줄 가능성도 높아진다는 의미이기도 하다.

 그런 점에서 볼 때 우리는 의도했든 그렇지 않았든, 누구나 상처를 주는 사람이 될 수 있다는 사실을 분명히 인식할 필요가 있다.

 다양성을 중시하는 현대 사회에서는, 나와 주변 사람들이 같은 가치관을 갖고 있지 않다는 점을 많은 이들이 이해하고 있다. 그럼에도 불구하고 상처를 주는 말과 행동은 오히려 더 자주 목격된다. 왜 이런 일이 일어날까?

인간은 누구나 다양한 면모를 지니고 있다. 어떤 상황에서는 '좋은 사람'처럼 보이지만, 다른 상황에서는 공격적인 모습을 드러내기도 한다. 그리고 현대 사회는 후자의 면모가 더 쉽게 드러나는 환경을 제공한다.

예를 들어, 현실에서는 이성적으로 억눌러왔던 부정적인 감정이, 익명성이 보장되는 SNS에서는 쉽게 분출된다. 얼굴을 마주 보면 도저히 하지 못할 말도, 상대의 얼굴이 보이지 않으니 쉽게 내뱉게 되는 것이다. 이때 악의에서 비롯된 공격도 있지만, 선한 의도에서 나온 공격성도 존재한다.

'의분(義憤)'이라는 말이 있다. 사전에서는 정의나 인도주의가 무시되는 상황에 대해 느끼는 분노를 의미한다. 하지만 현대 사회에서는 이 감정이 종종 왜곡된 형태로 분출되기도 한다.

가령, 가해자와 피해자가 존재하는 사건이 발생했을 때, 사건과 무관한 사람들이 SNS를 통해 가해자로 지목된 사람을 일제히 공격하는 모습을 자주 볼 수 있다. 이들은 자신이 올바른 일을 하고 있다고 굳게 믿는다. 정의감에 사로잡혀 있기 때문에, 자신이 누군가에게 상처를 주고 있다는 사실조차 인식하지 못한다. 그러나 SNS 공간에서 한 사람을 향해 수천, 수만 개의 공격적인 말이 쏟아진다면, 아무리 정신적으로

강한 사람이라도 상처를 피하기 어렵다.

  예로부터 돌을 던지거나 채찍질하는 공개형은 세계 곳곳에서 존재해 왔다. 프랑스에서는 1939년까지도 공개 단두대 처형이 시행되었으며, 이러한 장면은 잔혹함에도 불구하고 일종의 오락처럼 여겨져 수많은 사람이 몰려들곤 했다. 그러나 19세기부터 20세기 사이, 대부분의 나라에서는 잔혹성을 이유로 공개 처형을 금지하게 되었다. 그런데 요즘 들어, 이와 같은 전근대적 장면이 다시 떠오를 때가 있다. SNS에서 벌어지는 일이 과거의 공개 처형과 크게 다르지 않기 때문이다.

  게다가 SNS는 이름도 얼굴도 숨긴 채 그 공간에 참여할 수 있다. 그 속에서 "더 나은 세상을 만들려면 나쁜 사람을 공격해야 한다. 이건 옳은 일이니까!"라는 식의 정의감과 사명감은 쉽게 정당화된다. 그러나 그 결과는 누군가에게 깊은 상처를 남긴다.

2-7

정의감이라는 이름의 폭력

　신경과학과 사회심리학 분야에서는 인간의 공격성과 공감 능력에 관한 흥미로운 실험들이 진행되어 왔다.

　예를 들어, 한 사람이 다른 사람의 뺨을 때리는 영상을 피실험자에게 보여주면, 대부분 처음에는 맞은 사람에게 동정심을 느낀다. 그런데 그 장면에 "정당한 이유가 있어서 때린 것"이라는 설명이 덧붙여지면, 피실험자의 뇌에서 보상 시스템, 즉 쾌락 중추가 반응한다는 사실이 밝혀졌다.

　또 다른 실험에서는 "A는 나쁜 사람이다"라는 정보를 미리 전달받은 피실험자들이, 그렇지 않은 사람들보다 A에게 전기 충격을 가하는 버튼을 더 쉽게 누르는 경향이 있다는 결과도 나왔다.

이러한 실험 결과는, 인간이 정당한 이유만 주어진다면 타인을 비교적 쉽게 공격할 수 있으며, 누구나 가해자가 될 수 있음을 보여준다.

자신이 옳다고 믿는 순간, 상대의 고통에 대한 공감은 사라지고, 오히려 기쁨이나 만족 같은 감정이 생길 수도 있다는 것이다.

이는 '의분(義憤)'이나 '과도한 정의감'이 얼마나 위험할 수 있는지를 경고한다.

실제로 우리는 어떤 정보를 접하느냐에 따라 생리적인 혐오감, 감정적인 반감, 윤리적인 판단까지 달라지기도 한다.

이러한 특성 때문에, 미디어의 보도 방식이나 SNS를 통해 확산되는 정보는 매우 쉽게 왜곡되고 조작될 수 있다는 점에서 우려가 크다.

SNS에서 누군가를 향해 '규범을 어겼다'는 이유로 비난을 퍼붓는 그 순간, 우리는 단지 스마트폰이나 PC 화면만을 마주하고 있을 뿐이다.

화면 속에서는 상대의 표정이나 몸짓, 목소리와 같은 감정의 신호가 보이지 않는다.

그렇기에 우리는 그 말을 받아들이는 사람이 '살아 있는 감정을 지닌 연약한 인간'이라는 사실을 쉽게 잊는다. 그러나 자신의 삶을 되돌아보면, 누구도 100% 청렴결백할 수는 없다.

인간은 본래 선과 악이 공존하는 복잡한 존재다. 피해자로 여겨지는 사람도, 가해자로 지목된 사람도, 정의감에 사로잡혀 SNS에 글을 올리는 사람도 모두 마찬가지다. 하지만 온라인 공간에서는 쉽게 선과 악의 이분법적 판단이 이루어지고, 그 결과 과도한 정의감만 주목받기 쉽다. 따라서 '상처받는 일'만을 걱정하기보다, 우리 자신 안에 숨어 있는 '가해 가능성'을 자각하고, 나도 모르게 누군가에게 상처를 주고 있지는 않은지 되돌아보는 것이 중요하다.

상처를 줄이는 세상을 만들기 위해, 우리에게 정말 필요한 것은 바로 그런 '성찰'이 아닐까?

2-8

상처받을 용기,
관계의 시작

  대학생들 중에는 기분이 우울해서 병원을 찾는 경우가 종종 있다.

  그들로부터 자주 듣는 말이 있다.

  "대학에 다니고 있지만, 하루 종일 누구와도 한마디 말도 하지 않고 집에 돌아간다"는 이야기다.

  대부분의 학생은, 자신을 제외한 다른 사람들끼리는 이미 친밀한 그룹을 형성하고 있을 거라고 생각한다. 그래서 이제 와서 말을 걸기엔 늦었다고 느낀다. 하지만 실제로는, 다른 사람들도 누군가와 이야기하고 함께 식사하고 싶어할 수 있다. 그럼에도 불구하고 서로가 서로를 의식하고 경계하다 보니, 쉽게 말을 걸지 못한다.

외톨이처럼 보이고 싶지 않아 이어폰을 끼고 음악을 듣는 척하는 사람도 있다. 마치 '나는 지금 음악을 즐기고 있고, 혼자 있는 상황에도 만족하고 있다'는 모습을 연출하는 것이다. 이처럼 겉보기에는 외출을 즐기고 활동적인 것처럼 보이지만, 실제로는 정신적으로 혼자인 사람들이 점점 늘고 있다.

한편, 인간은 누구나 타인에 대한 호기심을 가지고 있다. '이 사람은 어떤 사람일까?', '무엇에 관심이 있을까?', '어떤 공부를 하고, 어떤 성격일까?' 같은 궁금증이 생긴다.

하지만 그런 궁금증을 풀기 위해서는 직접 만나고, 대화를 나누며, 나 자신을 어느 정도 드러내야 한다. 바로 이 지점에서 많은 사람이 주저하게 된다. 현실에서 누군가와 관계를 맺고 싶어 하면서도, 막상 다가갔다가 무시당하거나 거절당할까 봐 두렵기 때문이다.

설령 좋은 관계를 맺었다 하더라도, 갑자기 연락이 끊기거나 버림받을지도 모른다는 불안감도 크다. 메시지를 보냈는데 답장이 없으면, '혹시 내가 미움을 받은 걸까?'라는 생각이 들기도 한다. 친구 사이든 연인 사이든, '거절'은 늘 두려운 경험이다.

현실에서 관계를 맺는다는 것은 곧 상처와 가까워지는 일이기도 하다. 반면 SNS에서는 자신을 드러내지 않은 채 타인의 정보를 보기만 할 수 있어서, 상대적으로 안전하다고 느껴진다. 그러나 이런 방식만으로는 진정한 고독에서 벗어날 수 없다.

현대의 인간관계는 '포스트잇'과도 같다. 포스트잇처럼 쉽게 붙고, 깔끔하게 떨어지는 관계. 이러한 얕은 관계는 서로 상처받지 않으려는 마음이 만들어낸 결과이다. 물론, 사람들과 깊이 얽히지 않으면 갈등이나 속박에서 자유로워지고 상처 입을 일도 줄어든다. 그런 관계가 편하게 느껴질 수도 있다. 하지만 인생의 다양한 고난과 좌절, 상실을 이겨내기 위해서는 그런 얕은 관계만으로는 충분하지 않다.

우리는 상처받는 일에서도, 누군가를 상처 입히는 일에서도 완전히 벗어날 수 없다.

"어떻게 하면 상처받지 않는 삶을 살 수 있을까?", "어떻게 해야 다른 사람에게 상처를 주지 않을 수 있을까?"

이런 질문에 어느 정도의 조언은 가능할지 몰라도, 절대적인 정답은 없다.

그렇다면 우리가 상처와 함께 살아가야 한다면, 이제는 "어떻게 살아갈 것인가"를 고민해 볼 필요가 있다.

어떻게 하면 상처와 잘 살아갈 수 있을지, 상처를 주고받으면서도 어떻게 더 풍요로운 삶을 살 수 있을지를 다음 장에서 함께 생각해 보고자 한다.

3장
모든 상처는 연습이 필요하다

"완벽한 사람보다, 상처를 안고도 살아가는 사람이 훨씬 더 강합니다."

3-1

가장 가까운 사이가
가장 아프다

앞서 우리는 '상처받는 것'과 '상처를 주는 것'에서 도망칠 수 없다는 사실을 살펴보았다. 그렇다면, 우리가 상처와 함께 살아가야 한다면, 어떻게 살아가는 것이 더 좋은 방법일까? 이 장에서는 우리가 상처를 받는 상황과, 그 상처를 어떻게 돌볼 수 있을지 몇 가지 사례를 통해 살펴보려 한다.

사례 2

나는 싱글로 부모님과 함께 살고 있고, 여동생은 결혼해서 부모님 집 근처에서 가족과 함께 지내고 있다. 최근 부모님의 연세가 드시고 건강이 나빠지면서, 점점 도움이 필요한 상황이 많아졌다. 여동생도 자주 부모님을 찾아와 얼굴을 비추고, 집안일을 돕고 있다.

어느 날 어머니께서 결혼한 여동생을 두고 내게 말했다.

"네 동생은 가족도 돌봐야 하고, 직장도 바쁜데 정말 미안하다. 오늘도 빨리 집으로 돌아가야 하잖니."

나도 나름대로 익숙하지 않은 집안일을 돕고 있었지만, 어머니의 말을 듣는 순간 눈물이 쏟아졌다. 그 이후로는 여동생과 이야기하는 것도 조금 어색해졌다.

열심히 부모님을 돕고 있음에도, 단지 싱글이라는 이유로 시간이 많다고 여겨지고, 도와주는 일이 당연하게 여겨지는 것은 무척 괴로운 일이다. 게다가 부모님 간병을 계기로 형제자매 간의 오래된 감정—어린 시절의 질투나 부러움, 장남·장녀로서의 희생 같은 복잡한 감정—이 다시 떠오르는 경우도 흔하다. 이 사례 역시 그런 감정 중 하나일 수 있으며, 트라우마 반응에서 말하는 '재경험(침입)' 증상일 수 있다. 과거의 상처가 현재의 상황을 통해 되살아난 것이다.

내가 이분에게 조언을 한다면, 이런 상황은 누구나 경험할 수 있는, 인간으로서 보편적인 상처라는 관점을 가져보라고 말하고 싶다. '그 정도 일로 상처받지 마라'는 의미가 아니다. 오히려 가장 이해받고 싶은 존재인 어머니에게 여동생과 비교당하는 것은 누구에게나 고통스러운 일이며, 당신이 특별히 약하거나 잘못된 것이 아님을 말하고자 함이다.

어머니의 무심한 한마디는 이분에게 깊은 상처가 되었다.

자신의 노력을 인정받고 싶었지만, 어머니가 여동생만 걱정하는 모습을 보며 자신은 소외된 듯한 느낌을 받았을 것이다. 그러다보니 평소라면 아무렇지 않게 넘겼을 말에도 민감하게 반응했을 수 있다.

이 사례에서 가장 크게 느껴지는 감정은, 이해받고 싶은 사람에게 이해받지 못했을 때 찾아오는 '고독감'이다. 어린 시절부터 언니로서 관심받고 싶은 마음을 억누르고, 외로울 때도 괜찮은 척하며 자란 모습이 떠오른다.

가족이라 하더라도, 긍정적인 감정과 부정적인 감정을 동시에 느낄 수 있다는 점을 인정해야 한다. 또한 가족이라고 해서 언제나 내가 원하는 방식대로 행동해 주지는 않는다는 사실을 받아들여야 한다. 말없이 혼자 "어머니는 알아주실 거야"라고 기대하기보다는, "저는 그때 어머니 말에 상처를 받았어요"라고 솔직하게 표현할 수 있다면, 그 상처는 더 이상 깊어지지 않을 것이다.

어머니 역시 악의적으로 그런 말을 한 것은 아닐 것이다. 하지만 나중에야 딸이 그런 말로 상처받고 참고 있었다는 사실을 알게 된다면, 어머니도 마음에 상처를 입을 수 있다. 상처를 꾹 참으며 숨긴다면, 그 고통은 결국 나뿐 아니라 주변 사람들에게도 영향을 미치게 된다.

사례 3

매우 신뢰하던 친구에게 중요한 고민을 털어놓았을 때, 친구는 이야기를 듣고 있었지만 분명히 '상담이 빨리 끝났으면 좋겠다'는 분위기가 느껴졌다. 그 순간 나는 크게 상처받았고, 깊은 외로움을 느꼈다.

마음을 열고 약한 모습을 드러냈지만, 오히려 상처를 입은 경우다. 친구에게 고민을 털어놓은 것은 용기 있는 선택이었지만, 기대했던 공감을 얻지 못해 오히려 더 큰 배신감과 고독을 느끼게 되었다. 이런 상황에서는 '상대방도 나름의 사정이 있었을지 모른다'고 생각하는 것이 도움이 될 수 있다. 친구도 비슷한 경험이 있어 이야기를 듣는 것이 힘들었을 수도 있고, 단순히 타이밍이 좋지 않았을 수도 있다. 혹은 그 순간 스마트폰으로 신경 쓰이는 메시지가 도착했을지도 모른다.

현대 사회에서는 대부분의 사람이 여러 관계와 일들을 동시에 관리하며 살아간다. 그렇기 때문에 상대의 반응만으로 그 사람의 전체 상황을 판단하는 것은 어렵다. 단 몇 마디의 대화 속에도 다양한 의미가 있을 수 있고, 그 순간의 분위기만으로 거절당했다고 느끼는 것은 성급할 수 있다.

이런 경우에는 "30분 정도 내 이야기를 들어줄 수 있을까?"라고 미리 시간을 정해 이야기하는 것이 좋다. 고민을 나눌 때는 시간을 한정하는 것이 상담자와 조언자 모두에게 도움이 된다. 반대로 이야기를 들어주는 사람이라면, "미안, O시에 일이 있어서, 한 시간 정도만 이야기를 들어줄 수 있을 것 같아"라고 미리 말해두는 것도 좋은 방법이다.

이 사례에서 우리가 알 수 있는 점은, 자신이 이해받고 싶어도 상대에게 그 마음이 제대로 전달되지 않으면, 외로움과 상처가 더 깊어질 수 있다는 것이다. 만약 한 번의 상담이 잘 되지 않았다 해도, 그 경험 때문에 마음을 닫기보다는 다른 사람에게도 이야기해보길 권한다. 당신의 이야기를 진심으로 들어주고 공감해 줄 사람은 분명히 있다.

다만, 항상 상담만 받으려 하다 보면 상대도 지칠 수 있다. 따라서 상대에 대한 존중을 잃지 않고, 불평만 늘어놓지 않도록 주의하는 것이 중요하다. 아울러 마음과 시간에 여유가 있을 때는, 다른 사람의 이야기도 들어줄 수 있어야 한다. 인간관계는 상호적인 것이며, 서로 도와주고 지지할 때 더욱 오래 지속될 수 있다.

3-2

상처는
인간을 이해하는 문

　인간관계를 쌓아가는 과정에는 성공과 실패가 항상 함께하며, 오랜 친구와 충돌하는 일도 일어난다. 이런 상처를 주고받는 경험 속에서 우리는 '그 사람이 이런 생각을 하고 있었구나', '그런 행동을 하는 사람이었구나' 하는 새로운 면모를 발견하게 된다. 그럴 때마다 인간이 얼마나 복잡한 존재인지를 조금씩 이해하게 되고, 자신 안에도 상반된 감정이 공존한다는 사실을 받아들이며 살아가게 된다.

　인간을 신체적, 심리적, 사회적 관점에서 이해하려는 태도는 바로 이러한 관계의 경험 속에서 길러진다.

　대학 수업에서 학생들에게 "트라우마로부터 배울 수 있는 것이 무엇일까요?"라고 물어보면, 대부분 어리둥절한 반응을 보인다. 많은 사람이 트라우마를 그저 부정적인 경험으로만 여기기 때문이다. 하지만 트라우마는 우리에게 많은 것을 가르쳐준다.

트라우마는 인간의 약함과 불완전함을 인식하게 해준다. 사람마다 기질, 체력, 주변 반응, 사용할 수 있는 자원에 따라 회복 속도가 다르지만, 인간의 취약성은 누구에게나 공통된 속성이다.

자신과 타인은 본질적으로 다르기에, 인생을 살면서 어느 정도의 '상처'는 피할 수 없다. 그래서 우리는 실패를 겪더라도 다시 회복할 수 있도록 '상처받는 연습'을 해나가야 한다. 그래야만 타인에게 더 깊이 다가갈 수 있고, 인간에 대한 이해 역시 점점 넓혀갈 수 있다.

3-3

상처받는 연습이 필요한 이유

　상처를 주거나 받는 경험은 대부분 사람 간의 상호작용에서 비롯된다. 그렇기에 '상처를 연습'하려면, 어쩔 수 없이 타인과 마주하는 공간으로 나가야 한다. 예를 들어, 연애에서 상처를 연습하려면 연애 상대가 있는 곳으로 가야 한다.

　미국과 같은 문화권에서는 고등학교나 대학교 졸업을 앞두고 '프롬(Prom)'이라는 공식적인 댄스 파티가 열린다. 이런 문화에서는 비교적 이른 시기에 커플이 형성되고, 상처를 주고받으며 연애 상대를 마주하는 방식이 자연스럽게 익혀진다. 물론 이성애 중심의 문화가 주류이다 보니, 성적 소수자나 연애 감정이 없는 아로맨틱(Aromantic), 무성애자(Asexual)

들에게는 맞지 않을 수도 있다. 그러나 연애라는 맥락에서 상처와 회복을 배우는 하나의 기회가 될 수 있다.

반면, 일본에서는 이러한 이벤트가 드물고, 대학 입시 전까지 이성 교제를 자제하는 문화가 강하다 보니, 성인이 된 후 이성과 친밀한 관계를 맺는 데 소극적이거나 어려움을 겪는 경우도 있다. 그 결과, 성교육이나 데이트 폭력 예방 교육이 부족한 가운데, 인터넷에서 본 정보를 무비판적으로 수용해 상대를 당황스럽게 하거나, 자신이 상처를 받는 일도 적지 않다.

이처럼 타인과 관계 맺는 데 어려움을 겪는 사람이 늘어나는 이유 중 하나는, 우리가 효율을 중시하는 시대에 살고 있기 때문일지도 모른다. 그렇다면 이런 사고방식을 인간관계에 적용하면 어떤 일이 벌어질까?

"이 사람은 필요하고, 저 사람은 필요 없어." 이렇게 사람을 깊이 알기도 전에 단정 짓게 되지는 않을까. 물론 효율적인 인간관계는 상처를 덜 받을 수도 있다.

이 사람은 필요해   이 사람은 필요 없어

하지만 그런 방식으로 관계를 맺다 보면, 다양한 면을 가진 '인간다움'은 점점 소외될 수 있다. 나 또한 언젠가 누군가에게 "이 사람은 필요 없어"라고 판단될지 모른다는 불안감에 시달릴 수도 있다.

우리는 상처받는 것을 '나쁜 일'로 여긴다. 물론 불필요한 상처는 피해야 한다. 타인에게 상처를 주지 않도록 주의하며 살아가는 것이 중요하기 때문이다. 그러나 그릇이 깨졌을 때 금가루로 수리하듯, 마음의 상처 또한 반드시 회복이 불가능한 것은 아니다.

상처받은 경험은 타인에 대한 배려를 배우는 계기가 되기도 하고, 인간으로서의 매력을 키우는 바탕이 되기도 하며, 때로는 창조적 에너지를 끌어내는 힘이 되기도 한다.

임상심리 전문가로서 말하기 조심스럽지만, 상처받는 것을 너무 두려워하지 않았으면 한다. 상처받은 그 순간이 오히려 새로운 기회일 수 있다는 마음가짐도, 때로는 필요하다.

3-4

상처받음,
그 너머의 희망

 "상처받았을 때가 바로 기회"라고 말하면 오해를 살 수 있다. 상처 입은 사람에게 그 말을 쉽게 꺼내는 것은 무책임하게 들릴 수도 있기 때문이다. 그러나 그 말에는 분명한 이유가 있다.

 상처로 인해 고통받는 시간은 마치 끝이 없는 터널처럼 느껴진다. 하지만 모든 상처는 반드시 끝이 있다. 어떤 형태로든 우리는 다시 회복의 방향으로 나아간다.

 트라우마 연구의 권위자인 미국 정신건강의과 의사 주디스 루이스 허먼(Judith Lewis Herman, 1942~)은 그녀의 저서 『트라우마와 회복(Trauma and Recovery)』에서 이 회복의 과정을 조심스럽고 단호하게 설명한다. 오랜 시간 피해자들과 함께해온 그녀는 고통받는 환자들에게 이렇게 말한다.

"환자들은 종종 이 괴로운 과정이 언제까지 계속될지를 묻습니다. 그 질문에는 명확한 답이 없습니다. 이 과정을 피할 수도 없고, 빠르게 통과할 수도 없습니다.

그러나 확실한 건, 이 과정은 우리가 바라는 것보다 더 오래 걸릴지라도 영원히 지속되지는 않는다는 점입니다.

외상 이야기를 반복하는 과정 속에서, 마침내 그 감정이 더 이상 깊게 요동치지 않는 순간이 찾아옵니다."

─『심적 외상과 회복』, 미스즈서방(みすず書房, 일본의 대표적인 인문출판사)

'상처'도 이와 같다. 그 고통은 처음에는 모든 것을 삼킬 듯 몰아치지만, 반드시 그 끝에는 회복의 시간이 기다리고 있다. 그러니 "상처받아도 결국 회복된다. 괜찮다"고 스스로에게 말해보자. 상처를 피하기만 하기보다는, 천천히, 자기만의 속도로 '상처받는 연습'을 쌓아갈 수 있었으면 한다. 상처는 고통이자, 동시에 성장의 문이기도 하다.

3-5

상처를 통해
배우고 성장하기

상처받는 연습이 우리에게 어떤 힘을 주는지, 하나의 사례를 소개하고자 한다.

사례 4

초등학교 1학년인 딸이 친구와 사소한 다툼 중 심한 말을 듣고 상처받은 채 집으로 돌아왔다. 그때 부모는 우선 아이의 이야기를 들어주었고, 다음 날 아이는 금세 괜찮아졌지만, 상처가 남아 있지는 않을까 걱정되었다.

이 경우 부모가 아이의 이야기를 들어준 것은 좋은 대응이다. 최근 트라우마나 학대와 관련해 애착 문제가 자주 언급되는데, 애착이란 아이가 양육자를 '안전기지' 삼아 주변을

탐색하거나 불안을 느낄 때 양육자에게 다가가 안정감을 얻는 능력을 말한다. 이 능력을 기르려면 양육자 자신이 정신적으로 안정되어 있어야 한다. 이 사례는 애착 기능이 제대로 작용한 경우로 볼 수 있다.

물론 자녀가 이후에도 학교 가기를 꺼린다면 추가적인 대책을 고민해야 할 수도 있지만, 그런 반응이 없다면 조금 더 지켜보는 것이 좋다. 부모가 걱정하는 것처럼 자녀 마음속에 상처가 남아 있을 수 있지만, 우선은 용기를 가지고 '그럴 수도 있다'고 생각하며 지켜보는 것이 바람직하다. 친구에게 들은 말이 얼마나 심했느냐에 따라 다르겠지만, 아이를 완벽한 환경에서만 키울 수는 없다. 작은 상처를 경험하며 그것을 양분 삼아 성장하도록 돕는 것이 이상적이다.

반면, 부모가 지나치게 예민해져 학교에 가서 화를 내거나 친구 부모에게 항의하는 등 과도하게 개입하면, 자녀는 오히려 더 큰 상처를 받을 수도 있다.

이 사례는 양육자와 자녀 모두에게 중요한 연습이 될 것이다. 양육자는 자녀의 회복탄력성, 즉 어려움을 극복하는 힘을 믿고 지켜보는 연습을 해야 한다.

회복탄력성이란 역경을 이겨내고 괴로운 경험을 극복하며 긍정적으로 나아갈 수 있는 능력이다. 트라우마 연구에서는 이를 '외상 후 성장'이라고 부른다. 괴로운 경험을 겪고 그것을 극복하면서 성장할 수 있다는 의미이다.

하지만 이런 사고방식을 타인에게 강요하면 오히려 괴로움을 줄 수 있다. 회복하지 못하는 사람을 비난하는 데 사용되면 우선순위가 뒤바뀔 수 있기 때문이다. 중요한 것은 이 힘을 본인이 주도적으로 키워나가야 한다는 점이다. 그리고 '상처받는 연습'이 단순히 상처받는 데 익숙해지려는 것이나, 상처를 준 사람을 무조건 용서하는 것이 아님을 이해하는 것이 중요하다. 상처받았을 때 그것을 통해 무엇을 배우고 어떻게 성장할 것인지가 가장 중요하다.

3-6

상처 속에
피어나는 신뢰

 일상 속에는 '상처의 씨앗'이 숨어 있다. 상처를 받았을 때 그 상처를 준 사람에게서 도망치기보다는, 그 사람을 조금 더 신뢰하고 자신의 마음을 한마디 더 전해 보는 것은 어떨까? 의외로 그 자리에서 문제를 해결할 수 있는 경우가 많다.

 예를 들어, 앞서 언급한 사례 3에서 매우 신뢰하던 친구의 태도에 상처를 받았지만, 친구는 의도적으로 상처를 주려 한 것이 아니었다. 두 사람 사이에 이미 신뢰가 쌓여 있다면, 한 걸음 더 나아가 자신의 진심을 드러내 보는 것도 좋은 방법이다. 예컨대, "미안해, 이런 이야기가 별로 듣고 싶지 않았겠지?"라고 조심스레 물어보는 것만으로도 상황은 새롭게 전개될 수 있다.

 물론, 이렇게 한다고 해서 상처를 완전히 피할 수는 없을 수도 있다. 하지만 한 걸음 더 나아감으로써 친구와 더 깊은 신뢰 관계를 맺을 수 있는 기회가 될 것이다.

3-7

가족 간의 상처를 푸는 법

 일상에서 신뢰를 쌓을 수 있는 사람이라도, 그 사람이 타인이라는 사실은 변하지 않는다. 부부도 마찬가지다. 각자가 자라온 환경이 다르기 때문에, 집안일 같은 사소한 일에서도 서로 다른 방식이 있을 수 있다. 이로 인해 상처가 생기기도 한다.

사례 5

 남편과 아이 한 명과 함께 사는 맞벌이 여성이 있다. 그녀는 집안일도 어느 정도 분담하고 있다. 남편은 맡은 일을 꼼꼼히 하는 성격인 반면, 아내는 집안일을 잘 하지 못하는 편이다. 어느 날 남편은 "제발 부탁이니 집안일을 좀 더 제대로 해줘. 몇 년이나 집안일을 하면서도 아직도 이러는 거야?"라며 화를 냈다. 그 말을 듣고 아내는 자신이 무능하다고 생각하며 큰 상처를 받았다.

집안일은 시간, 보수, 업무 내용 등이 명확히 정해져 있지 않다. 누가 어디까지 맡을지는 암묵적인 합의에 의해 결정되며, 그에 따라 잘하거나 못하는 차이가 생기기 마련이다. 문제는 집안일을 잘 못한다는 이유만으로 '능력 부족'이라 단정 짓고, 가족에 대한 애정이 부족하다는 식으로 불필요한 의미를 부여하는 경우가 있다는 점이다.

완벽함에 대한 요구나 청결 기준은 사람마다 다르다. 또한 바쁜 현대 사회에서 어떻게 시간을 배분하고, 청소할 때 어디를 생략할지에 대해서도 의견이 다를 수 있다. 이런 사소한 차이가 때로는 가족 간 갈등으로 이어지기도 한다.

집안일은 작은 상처가 쌓이기 쉬운 문제의 씨앗이다. 중요한 것은 각자가 다른 환경에서 자랐다는 사실을 인정하고, 그 차이를 대화로 풀어가는 것이다. 서로 잘하는 부분과 어려운 부분을 공유하고, '여기까지는 괜찮다'는 기준을 정하는 것도 좋은 방법이다. 때로는 서로 맡는 일을 바꾸는 것도 도움이 된다. 예를 들어 남편에게 간단한 일이 아내에게는 어려울 수도 있기 때문이다. 결국 대화가 가장 중요하다.

대화를 통해 새로운 상처가 생길 가능성도 있지만, 서로 맞추는 능력을 키우려면 상처를 견디는 연습이 필요하다. 집안일뿐만 아니라 타인에게 뭔가를 부탁할 때도, '맡긴다'고 말하면서도 마음 한켠에 신경이 쓰일 때가 있다. 이럴 때는 통제하고 싶은 마음이 작용해 자꾸 간섭하게 된다. 그러나 자신의 방식만 고집하지 않고 '이런 방법도 있구나' 하고 받아들이면 의외의 좋은 결과를 얻을 수 있다.

집안일뿐만 아니라 인간관계에서도 통제하려는 마음을 내려놓으면 소통이 훨씬 원활해진다. 그러나 서로 경계를 두고 통제하려 하면 아무리 가까운 관계라도 답답해진다. '상대에게 통제당하지 않겠다'는 생각과 감정이 자꾸 떠오를 수 있기 때문이다. 하지만 '컨트롤러에서 손을 떼겠다', '경계를 두지 않겠다', '맡겨두겠다'는 마음만으로도 관계가 변화할 수 있다.

다만 상대에게 맡기면 자신의 타이밍과 어긋나면서 상처를 받을 수도 있다. 이런 상황에서는 수용력과 포용력을 키우며 상처를 견디는 연습을 하는 것이 좋다. '기다리는 것'과 '재촉하지 않는 것'은 마음의 여유를 키우고 더 성숙한 관계를 만드는 데 큰 도움이 된다.

3-8

마음의 흉터를 꽃피우는 법

　상처를 다루는 방법은 그 상황뿐 아니라, 자신과 상대방의 성격, 환경, 그리고 상처의 깊이에 따라 매우 다양하다. 따라서 "이 방법이 최고다"라고 단정할 수는 없다. 상처를 입었을 때 어떻게 대처해야 할지, 혹은 상처를 받지 않기 위해 무엇을 해야 할지에 대한 일반적인 대응책이나 예방책이 인생에서 항상 통하는 것도 아니다.

　물론 상처를 많이 입는 것이 사람에게 유익하다는 뜻은 결코 아니다. 그러나 자신이나 소중한 사람이 상처를 받았을 때, 그것을 극복하는 데 도움이 되는 것은 과거의 상처 경험일 수 있다.

　한 지인이 "넘어졌을 때는 어떤 돌을 주워 일어설지 생각한다"고 말한 적이 있다. 매우 인상 깊은 말이다. 대부분의 사람은 넘어지면 상처의 아픔에 정신이 팔려, 돌을 주울 생각조차 하지 못한다. 하지만 '넘어짐'이라는 경험은 우리의 시야를 바꾼다. 그 변화된 시선 속에서 우리는 오히려 새로운 가능성이나 기회를 발견할 수 있다. 예컨대, 직장을 잃고 나서야 실업자를 위한 제도를 알게 되는 것처럼, 어려움 속에서도 반드시 배울 점은 존재한다.

나는 가끔 '상처를 가꾼다'라는 표현에 대해 생각한다. '상처'라는 단어는 어두운 느낌을 주어 미간을 찌푸리게 하지만, 상처를 마주할 때 오히려 긴장을 풀고 여유롭게 바라보는 태도도 필요하다. 상처를 어떻게 가꾸느냐에 따라, 인생은 더욱 풍요롭고 의미 있는 경험으로 바뀔 수 있기 때문이다.

3-9

상처와 마주할 때 우리가 해야 할 일

 상처 연습에서 중요한 점 중 하나는, 누군가 "상처받았어"라고 말할 때 우리가 어떻게 반응하느냐이다. 우리는 종종 이런 말을 들으면 자신이 부정당한 느낌에 휩싸여 자연스럽게 방어적인 태도를 취하게 된다. 하지만 누군가가 상처를 받았다고 솔직하게 말해준다는 것은, 그만큼 상대가 나를 신뢰하고 있다는 증거일지도 모른다.

 이럴 때는 반박하고 싶은 마음을 꾹 눌러두고, 먼저 상대의 이야기를 차분히 들어주는 태도가 필요하다. 그 말을 진심으로 되새기며 반성해 보고, "솔직하게 말해줘서 고마워"라는 한마디로 감사를 전하는 것이 중요하다. 물론 그 순간에는 마음이 불편하거나 충격을 받을 수도 있다. "그렇게 받아들여

졌구나"라는 생각에 자신감이 꺾이고, 무엇을 어떻게 말해야 할지 몰라 당황할 수도 있다. 비판을 받아들이는 데는 시간이 필요한 법이다.

이때 가장 피해야 할 반응은, "그렇게 말하면 나도 네가 한 말 때문에 상처받았어"라고 즉각 반격하는 것이다. 상대의 말을 그대로 받아들이고, 한 걸음 물러서서 시간을 두고 천천히 생각해보는 것이 더 바람직하다. "가는 말이 고와야 오는 말이 곱다"는 속담처럼, 즉흥적으로 내뱉은 말 한마디가 관계를 틀어지게 만들 수도 있다. 한 번 내뱉은 말은 쉽게 지워지지 않기 때문이다.

또한 누군가가 나로 인해 상처를 받았다고 말했다는 이유만으로 그 사람과의 관계를 끊어버리는 것은 매우 안타까운 일이다. 오히려 그런 마찰과 충돌이야말로 서로 간의 신뢰를 더 단단하게 쌓을 수 있는 기회가 될 수 있기 때문이다. 그런 점에서 볼 때, 자신의 솔직한 마음을 용기 내어 털어놓는 사람은, 나를 돌아보게 만드는 소중한 존재다.

물론 항상 부정적인 피드백만 주는 사람이라면 주의가 필요하다. 긍정적인 피드백도 함께 전할 수 있는 사람, 그런 사람이야말로 나를 건강하게 성장시킬 수 있다. "비 온 뒤에 땅이 굳는다"는 속담이 이럴 때 가장 어울린다.

그리고 앞서 말했듯이, "저는 그때 말에 상처받았어요"라고 직접적으로 말하기보다는 "저는 그때 조금 슬펐어요"처럼 감정을 부드럽게 표현하는 편이 나을 수도 있다. 이런 말하기 방식은 다음 장에서 다룰 '상처와 함께 살아가는 법'과도 연결되니 참고하길 바란다.

3-10

상처 주는 말에도 온도가 있다

 상처받는 연습만큼이나 '상처 주는 연습'도 중요하다. '상처를 주는 연습이라니?' 하고 의아할 수 있지만, 인간관계에서는 언제나 상대가 원하는 말과 행동만 할 수는 없다. 때로는 불편한 말을 해야 하고, 다가오는 상대를 거절해야 할 때도 있기 때문이다.

 업무상의 협상, 전달, 보고뿐 아니라 애인, 친구, 가족과의 관계에서도 상대가 듣기에 괴로울 수 있는 말을 해야 하는 순간이 찾아온다. 결국 상처 주는 일을 완전히 피할 수 없다면, 최소한 그 상처가 깊어지지 않도록 조심스럽게 전달하는 태도가 중요하다.

 예를 들어, 불특정 다수가 있는 자리에서 누군가를 비판하거나, 엿들을 수 있는 공개된 공간에서 부정적인 말을 꺼내는 것은 피해야 한다. 또한, 말의 내용만큼이나 말투와 억양 역시 중요하다. 상대의 말이나 행동을 비판하더라도, 그것이 상대의 존재 자체를 부정하거나 공격하는 뉘앙스로 들리지 않도록 주의해야 한다.

이럴 때 유용한 소통 방식 중 하나가 바로 '어써티브 트레이닝(Assertive Training, 자기주장 훈련)'이다. 이는 감정을 억누르거나 공격적으로 표현하지 않고, 자신이 느낀 감정을 바탕으로 솔직하고 명확하게 의사를 전달하는 방법이다. 예를 들어, "왜 내 말은 들어주지 않아?"라고 따지는 대신, "당신 말만 계속 듣다 보니 좀 슬퍼졌어. 내 이야기도 조금 들어주면 기쁠 것 같아"라고 말하는 것이다. 같은 상황이라도 말하는 방식에 따라 상대의 반응은 크게 달라질 수 있다.

이 장에서는 상처를 주고받는 연습에 대해 살펴보았다. 우리가 이런 연습을 통해 깨닫게 되는 것은, 상처를 받았다고 해서 너무 두려워하거나 절망할 필요는 없다는 점이다. 그리고 누군가에게 상처를 주었다고 해서 반드시 그것이 돌이킬 수 없는 일은 아니라는 점 역시 매우 중요하다. 물론 되돌릴 수 없는 상처도 있을 수 있지만, 대부분의 경우 말의 방식과 태도를 조금 바꾸는 것만으로도 관계 회복이 가능하다.

4장
상처와 함께 살아가는 법

"상처는 치유되지 않아도, 나를 더 잘 이해하게 해주었습니다."

4-1

아프지만 아름다운,
상처와 함께하는 삶

 지금까지 우리는 상처의 현대적 배경과 상처를 주고받는 의미, 그리고 그것을 연습하는 것의 중요성에 대해 살펴보았다. 이제 마지막으로, 상처로부터 회복하기 위해 우리가 구체적으로 무엇을 할 수 있을지 생각해보고자 한다.

 2장에서 언급했듯, 살아가는 동안 상처로부터 완전히 자유로워지는 것은 불가능하다. 이는 곧, 우리가 상처와 함께 살아가야 한다는 뜻이기도 하다. 나는 '상처의 치유'란 고통을 단순히 없애는 것이 아니라, 그 아픔을 품고 살아가면서도 삶의 영역을 점차 확장하고, 그 안에서 기쁨과 즐거움을 느낄 수 있는 상태에 이르는 것이라고 생각한다. 그렇다면, 상처를 치유하기 위해 우리가 할 수 있는 일은 무엇일까?

나는 트라우마 전문가로서 지금까지 '환상섬(幻想島)'이라는 오리지널 모델을 통해 '트라우마를 말한다는 것과 말하지 않는 것', '피해자와 지원자 사이의 관계', '트라우마와 사회의 관계' 등을 설명해 왔다.

 환상섬은 중심에 '내해(內海)'를 품고 있는 도넛 모양의 섬이다. 이 구조는 트라우마를 말하는 것이 얼마나 어려운지를 상징적으로 보여준다. 사람들은 종종 큰 트라우마를 겪은 사람일수록 그 경험을 담담히 말할 수 있을 것이라 생각하지만, 실제로는 그 반대다. 오히려 더 큰 고통을 겪은 이일수록 그 기억을 떠올리는 것조차 감당하기 힘들어하고, 마음의 여유도 부족해 말조차 꺼내기 어렵다.

이처럼 섬의 중심에는 '침묵의 내해'가 자리 잡고 있다. 상처와 트라우마가 깊을수록 이 침묵의 내해는 더욱 넓어진다. 따라서 피해자가 침묵하는 이유는 '말하지 못해서'가 아니라, '말할 수 없거나 말하지 않기로 선택했기 때문'이라는 점을 이해하는 것이 중요하다.

트라우마와 상처로부터의 회복은, 상처받은 당사자가 이 내해에서 빠져나와 파도가 이는 둔덕을 기어오르고, 섬의 내사면(內斜面, 경사진 면의 안쪽)에 조심스레 일어서는 데서부터 시작된다. 동시에, 지원자 또한 바깥의 외해로부터 섬에 도달해 외사면(外斜面, 경사진 면의 바깥쪽)을 올라, 내사면에 선 피해자와 마주하게 된다. 이때 그들은 침묵의 내해가 존재한다는 사실을 비로소 인식하게 된다. 바로 이 지점에서 회복은 시작된다.

4-2

치유의 첫걸음, 공감

　상처나 트라우마 경험을 말로 꺼내기 어려운 이유는 이미 앞서 살펴보았다. 특히 그 내용이 무겁거나, 가족이나 연인 사이의 사적인 일이거나, 섹슈얼리티(Sexuality)와 관련된 것일 경우, 더욱 이야기하기 어렵다.

　그럼에도 불구하고, 지금까지 다양한 사례를 살펴보며 하나의 공통된 바람이 느껴졌다.

　"내 이야기를 들어주었으면 좋겠다."

　그 바람은 매우 절실했고, 간절했다.

　생각해 보면, 누구나 한 번쯤은 마음속 이야기를 털어놓은 뒤, 한결 편안해졌던 경험이 있을 것이다.

　왜일까? 왜 '이야기하는 것'만으로도 마음이 가벼워지는 걸까?

여기에는 몇 가지 이유가 있다.

우선, 우리는 누군가에게 자신의 경험을 이야기할 때, 그것을 자연스럽게 하나의 '이야기'로 정리하려 한다.

예컨대, 감정을 언어로 표현하는 과정에서 우리는 비로소 스스로도 인식하지 못했던 감정과 마주하게 된다.

"아, 나는 이런 일에 상처받았구나."

"나는 이런 상황이 정말 싫었구나."

그렇게 말하는 순간, 우리는 자신의 상처를 스스로 인정하고 받아들이게 된다.

또한, 이야기를 잘 들어주는 사람과의 만남은 우리가 잃어버렸던 '신뢰감'을 회복하게 만든다.

상처를 경험하면, 우리는 흔히 세상과 사람들에 대한 신뢰를 잃는다. 하지만 공감하며 귀 기울여주는 누군가를 만나게 되면, 다시금 "나는 혼자가 아니다"라는 감각을 되찾는다. 그 감각은 회복을 이끄는 매우 강력한 힘이 된다.

물론, 어떤 사람은 끝내 아무에게도 말을 꺼낼 수 없을 수도 있다. 그럴 땐 굳이 말하려 애쓰지 않아도 괜찮다. 함께 어떤 활동에 몰두하는 것도 회복의 한 방법이 될 수 있기 때문이다.

예를 들어, 뉴질랜드에서 남성 성폭력 피해자를 대상으로

연구 중인 친구가 있다. 그가 운영하는 공동체에서는 트라우마에 대해 굳이 말하지 않는다. 대신 차고에 모여 자동차를 함께 고치며 시간을 보낸다.

"아무것도 하지 않는 것보다는, 뭔가를 같이 해보자"는 단순한 생각에서 시작된 이 활동은, 말 없이도 서로를 이해하고 치유하는 데 큰 도움이 되고 있다고 한다.

사실, 자신의 상처와 마주하고 이야기를 꺼낼 '타이밍'은 사람마다 다르다. 그리고 한 번에 모든 것을 말할 수 있는 사람도 없다. 하지만 믿을 수 있는 사람이 곁에 있고, 마음에 조금씩 여유가 생긴다면, 상처는 서서히 치유되어 간다. 공감해 주는 누군가가 곁에 있다는 사실만으로도 큰 위로가 되기 때문이다.

물론, 어떤 날은 아무것도 하고 싶지 않고, 누구와도 만나고 싶지 않을 수도 있다.

그 또한 지극히 자연스러운 감정이다.

정신건강의과 의사 주디스 루이스 허먼이 《트라우마와 회복》에서 말했듯, 회복의 과정은 '직선'이 아니라 '나선형'이다. 앞으로 나아가다가도 다시 뒤로 밀릴 수 있고, 멈춰 서서 돌아보게 될 수도 있다.

나는 종종 정신건강의과 치료나 심리 상담을 '군데군데 비어 있고 결말도 알 수 없는 추리소설'을 읽는 과정과도 같다고 생각한다.

그렇기에 우리가 지지자나 조력자 입장에 있다면, 상처 입은 사람이 다시 일어설 수 있는 회복력(Resilience)을 믿어주는 것이 중요하다.

군데군데 빈틈이 있어도 괜찮다. 지금 당장 이야기를 꺼내지 않아도 괜찮다. 우선은 곁에 다가가, 말할 수 있을 때까지 기다려주는 것, 그것이 상처를 치유하는 가장 진심 어린 첫걸음이 될 것이다.

4-3

내 안의 아이를
보듬는 연습

　최근 들어 '자기 연민(Self-Compassion)'이라는 말을 자주 듣게 된다. 연민(Compassion)은 일반적으로 '배려'나 '자비'로 번역되며, 타인의 고통에 공감하고 돕고자 하는 마음을 뜻한다. 자기 연민은 이 연민의 방향을 자신에게로 돌리는 것이다. 쉽게 말해, 자신을 비난하지 않고, 자신을 소중히 여기며, 자신에게 따뜻한 말을 건네는 것이다.

　상처를 치유하는 과정에서 자기 연민은 매우 강력한 도구가 된다.

　예를 들어, 3장에서 소개했던 사례 2에서는, 어머니의 한마디로 인해 오래된 상처가 되살아나는 장면이 등장한다. 이때 떠오른 과거의 상처받은 자아는 심리학에서 말하는 '내면 아이(Inner Child)'일 수 있다. 그 어린 시절의 나에게 다정하게 말을 건네는 것, "많이 힘들었지?", "그래도 잘 견뎠어."라고 따뜻하게 말해주는 것이 바로 자기 연민이다.

또한, 지금의 나에게도 "충분히 애썼어", "잘하고 있어"라고 말해줄 수 있다면, 스스로를 긍정하는 힘 또한 길러진다.

사례 1에서도 마찬가지다. 가족을 위해 묵묵히 헌신하고, 아이들을 정성껏 돌보아 온 자신을 돌아보며, "정말 수고했어"라고 인정하는 것 역시 훌륭한 자기 연민의 한 모습이다. 하지만 겸손을 미덕으로 여기는 문화에서는, 자신을 칭찬하거나 보상하는 일이 어색하게 느껴질 수 있다.

"스스로를 위로하다니, 너무 나약한 건 아닐까?"라고 생각하는 사람도 있을 것이다. 그러나, 자기 연민은 결코 나약함이 아니다. 오히려 그것은 상처 입은 자신을 있는 그대로 인정하고, 보듬을 줄 아는 강함이다.

예를 들어, 아이가 지쳐 울고 있을 때 과자를 하나 건네주면 금방 기분이 나아지듯, 어른이 된 우리도 상처받았을 때 맛있는 음식을 먹으러 가거나, 좋아하는 장소에 들르거나, 평소 하고 싶던 일을 해보는 것만으로도 마음이 조금은 가벼워질 수 있다.

이처럼 자신에게 다정해지는 연습은 나를 위한 것이자, 동시에 타인을 이해하고 위로하는 데도 도움이 된다.

자신에게 따뜻한 말을 건넨 경험이 있는 사람만이 누군가에게 그 따뜻함을 전할 수 있다.

4-4

회복의 첫걸음, '안전한 공간'과 '쉼'

주디스 허먼은 심리적 외상으로부터 회복하기 위한 첫 번째 단계로 '안전(Safety)'을 강조한다. 나 역시, 회복의 시작은 안전한 공간과 안전한 시간의 확보에서 비롯된다고 믿는다. 이것은 단지 물리적인 보호를 넘어, 심리적인 안정감을 주는 토대가 되어준다.

예를 들어, 가정 안에서 뭔가 힘든 일이 생겼을 때, 우리는 종종 혼자만의 시간과 공간을 필요로 한다.

아이가 벽장 안에 들어가 숨어 있을 때, 그것은 단순한 회피가 아니라 스스로를 보호하려는 본능적인 반응일 수 있다. 이럴 때 억지로 끌어내기보다는, 아이가 그 공간에서 스스로 진정할 수 있도록 혼자 있는 시간을 존중해주는 태도가 필요하다.

비록 가족이라고 해도, 각자의 생각과 감정의 리듬이 다르기 때문에, 심리적 회복을 위해 일정한 거리와 공간을 확보하는 것은 오히려 건강한 관계를 위한 중요한 과정이다.

혼자만의 방이 있다면 가장 좋겠지만, 여건이 여의치 않다면 벽장이나 부엌, 혹은 방 안의 작은 공간이라도 '이곳만큼은 내 공간'이라고 느낄 수 있는 장소가 있다면, 그 자체로 큰 위안이 된다.

직장에서는 이러한 개인 공간 확보가 더 어려울 수 있다. 특히 최근에는 '자유 좌석제(Free address)'를 도입한 사무실이 많아져서, '내 자리'가 없는 경우도 흔하다. 그럴수록 자신에게 의미 있는 물건 하나—예를 들면, 작은 액자나 손에 익은 컵, 좋아하는 문구가 적힌 메모—를 사물함이나 책상 위에 두는 것만으로도 마음의 안정을 얻을 수 있다. 겉보기엔 사소해 보일지 몰라도, 그런 물건이 '심리적 안전지대'를 만들어주는 상징이 될 수 있기 때문이다.

또한, '아무것도 하지 않는 시간'을 의도적으로 확보하는 일도 중요하다.

현대 사회는 끊임없이 효율성과 생산성을 요구하며, 우리의 생각을 멈추지 못하게 만든다. 그러나 뇌 또한 체력과 회복을 필요로 하는 기관이기에, 지속적인 긴장과 생각은 결국 신경계를 소진시키고, 탈진에 이르게 한다.

따라서, 아무것도 하지 않는 시간—멍하니 창밖을 바라보거나, 깊은 숨을 쉬며 음악을 듣는 시간, 혹은 그냥 '존재'만 하는 시간—을 통해 뇌와 마음을 다시 숨 쉬게 해주는 일이 무엇보다도 필요하다.

'일을 잘한다'고 여겨지는 사람일수록, 스스로의 쓸모를 증명해야 한다는 강박에 더 깊이 빠지기 쉽다.

그들은 누구보다 열심히 일하며, 피로마저 무시한 채 자기 자신을 몰아붙인다. 특히 상담원이나 서비스직 종사자처럼 감정 노동이 수반되는 직업군은, 두뇌뿐만 아니라 마음까지 끊임없이 소모되기 때문에 더 쉽게 지친다.

신체는 멈추면 쉴 수 있지만, 머리와 마음은 퇴근했다고 해서 자동으로 꺼지지 않는다. 그래서 하루 중 단 5분이라도 좋다. 아무것도 하지 않고 '멍하니' 있는 시간을 가져보기를 권한다.

그 짧은 시간만으로도 내 몸이 지금 무엇을 원하는지, 어떤 신호를 보내고 있는지를 느끼고 듣는 힘을 되찾을 수 있다. 바쁘게 돌아가는 자신의 '시간 리듬'이 너무 빠르게 흘러가고 있다는 사실도 비로소 깨닫게 된다.

나 역시 그런 경험이 있었다.

이 책을 집필하며 대학 연구실에서 장시간 인터뷰를 진행하던 중, 머릿속이 텅 빈 듯한 피로감이 밀려왔다. 생각도 말도 더 이상 떠오르지 않았다.

그때 나는 인터뷰어에게 이렇게 제안했다.

"10분만 밖에 나가서 잔디밭에 멍하니 있어볼까요?"

단순히 머리를 식히려는 의도도 있었지만, '장소를 바꾸는 것' 자체가 중요한 목적이었다.

　우리는 몸이 지치거나 고민에 휘말릴 때, 시야가 극도로 좁아지는 경험을 한다. 지금 당면한 고민이 마치 인생의 전부처럼 느껴지는 것이다. 그럴 때일수록 몸을 다른 환경으로 옮기기만 해도, 전혀 다른 관점이 열린다.

　"이건 그렇게까지 무겁고 거대한 문제가 아니었구나."

　그 인식의 전환이, 회복의 시작이 된다.

4-5

상처를 회복하는 두 방식, 마주함과 흘려보냄

주디스 허먼은 심리적 외상에서 회복하는 두 번째 단계로 '상기(想起, 지난 일을 돌이켜 생각함)'와 '추도(追悼, 죽은 이를 생각하여 애도함)'를 강조한다. 이는 트라우마의 기억을 정면으로 바라보고, 그로 인해 잃어버린 것을 애도하며 받아들이는 과정이다. 하지만 이 과정은 결코 쉬운 일이 아니다.

트라우마를 마주할 수 있을지는 단순한 의지나 증상의 정도로만 결정되지 않는다. 무엇보다 중요한 것은, 지금 내가 처한 삶의 환경이 얼마나 안전한가, 그리고 나를 지지해줄 사람들과 자원이 곁에 있는가이다. 그만큼 이 과정은 심리적으로 큰 고통과 불안을 수반하는 일이다.

그럼에도 이처럼 아픈 기억을 직시하는 이유는 분명하다.

기억의 충격은 반복적인 직면을 통해 서서히 약화되고, 파편처럼 흩어진 조각들은 점차 정리되어 삶의 한 부분으로 통합되기 때문이다. 그때 우리는 삶을 다시 '내 손 안에 두는' 통제감과 자신감을 회복할 수 있다.

문제는 이 '상기와 추도'의 과정이 모든 사람에게, 언제나 필요한 것은 아니라는 점이다. 상처의 성격과 깊이에 따라, 때로는 흘려보내는 것이 더 현명한 선택일 수도 있기 때문이다.

현실은 냉정하다. 시간과 에너지는 유한하고, 마주한다고 해서 반드시 해결되지 않는 문제도 얼마든지 있다. 중요한 건, '마주함'과 '흘려보냄' 중 어느 하나만을 절대적인 해결책으로 여기지 않는 것이다.

사람마다, 그리고 그 사람이 처한 상황마다 다른 방식의 치유가 필요하다. 예를 들어, 상처를 알코올이나 과도한 일로 회피하고 있다면, 그것은 결국 몸과 마음을 병들게 한다.

이럴 때는 반드시 그 상처를 정면으로 바라보는 용기가 필요하다. 반대로, 모든 상처를 억지로 들춰낼 필요는 없다. 흘려보내는 것도 분명한 하나의 회복 방식이다. 때로는 '반쯤 내려놓는 것', 또는 조용히 덮어두고 살아가는 것이 삶을 지키는 지혜가 되기도 한다.

상처는 반드시 극복해야 할 대상만은 아니다. 어떤 상처는,

조용히 함께 살아가야 할 친구처럼 그저 곁에 두고, 잊지 않으면서도 끌려가지 않는 법을 배우는 것이 더 중요할지도 모른다.

4-6

마주할 용기, 놓아주는 지혜

 상처를 치유하는 과정에서 가장 중요한 것은 '마주하는 방법'과 '흘려보내는 방법'을 함께 활용하는 일이다.

 먼저 '마주하는 방법'으로 추천하고 싶은 것은 글쓰기다. 일기를 쓰거나 블로그에 자신의 마음을 표현해도 좋고, 그림이나 음악 등 다양한 창작 활동도 효과적이다. 무엇보다 중요한 것은, 마음속에 담아둔 상처를 억누르지 말고 바깥으로 꺼내어 표현하는 것이다.

 나는 그동안 SNS에 대해 비판적인 시각을 가져왔지만, 때로는 '불평하는 계정'처럼 감정을 털어놓는 공간도 감정을 풀어내는 좋은 통로가 될 수 있다고 생각한다. 그곳에서 자신의 생각과 감정을 자유롭게 쏟아내는 것만으로도 마음의 무게가 한결 가벼워질 수 있기 때문이다.

  감정을 밖으로 드러내는 일은 매우 중요하다. 가족 간 갈등이나 직장 내 인간관계에서의 불만을 계속 억누르다 보면, 작은 불씨가 결국 큰 폭발로 번질 수 있다. 따라서 '티끌 모아 태산'이 되기 전에, 다른 계정을 만들어서라도 조금씩 감정을 푸는 방법을 권한다.

  SNS를 잘 활용하면 비슷한 경험을 가진 사람들과 공감과 지지를 주고받는 따뜻한 관계를 맺을 수도 있다.

  반면, '흘려보내는 방법'으로는 제삼자의 개입을 추천한다.

  이 제삼자는 반드시 사람이 아니어도 된다. 개나 고양이 같은 반려동물도 훌륭한 대상이 될 수 있다. 실제로 상처를 입은 사람이나 가족에게 반려동물과 함께하는 삶을 권하는 이유가 여기에 있다. 가족 간 관계가 삐걱거릴 때, 외부 존재인 반려동물이 들어오면서 분위기가 부드러워지고, 상처의 악순환을 끊는 경우가 많다.

 또한 '무작정 걷기', '무작정 등산하기', '무작정 수영하기'처럼 몸을 움직이며 마음을 비우는 활동도 효과적이다.

 물론 사람마다 다르다. 어떤 이는 수영을 하며 머리가 텅 비워지는 느낌을 받지만, 다른 이는 오히려 상처를 더 떠올리기도 한다. 그래서 자신에게 맞는 방법을 찾아가는 것이 중요하다.

 이처럼 '마주하기'와 '흘려보내기'는 서로 상반된 것 같지만, 각자의 특성과 상황에 맞게 조화롭게 활용할 때 상처 치유의 진정한 힘이 된다.

4-7

마음을 다스리는 리듬, 양측 자극의 힘

 우리는 일상에서 무의식적으로 긴장을 풀어주는 다양한 행동을 해왔다. 예컨대, 목욕을 하거나 바람을 쐬는 것만으로도 몸과 마음의 긴장이 풀리는 경험을 해본 적이 있을 것이다. 심지어 선풍기 바람을 쐬는 것조차 의외로 효과가 있으며, 껌을 씹는 것만으로도 기분이 한결 가벼워지기도 한다.

 이처럼 단순한 행동에도 심리적 안정 효과가 숨어 있다. 전문적인 관점에서는 '양측 자극'이 뇌의 균형을 맞추는 데 도움이 된다고 알려져 있다.

 상담 기법 중 하나인 안구운동 탈감각 및 재처리(EMDR)에서는 눈동자를 좌우로 움직이거나 무릎을 번갈아 두드리면서 좌우 교대 자극을 준다. 이를 통해 트라우마와 관련된 기억들이 완화되고, 부정적으로 해석되던 경험에 대한 기억이 누그러지기도 한다. 또한 안전한 장소나 긍정적인 기억을 떠올리며 인지(認知)에 통합함으로써, 본래 지닌 회복력을 이끌어내는 데 큰 도움이 된다.

이처럼 전문적인 기법은 상담실에서만 가능한 것이 아니다. 일상에서도 '양측 자극'은 리듬만 있으면 여러 방식으로 활용할 수 있다.

예를 들어 '버터플라이 허그(Butterfly Hug)'나 '태핑(Tapping)' 같은 방법이 있다. 양팔을 가슴 앞에서 교차해 어깨를 번갈아 가볍게 두드리는 이 동작은 긴장 완화에 효과적이다. 불안할 때 이 동작을 하면 마음이 차분해지는 것을 느낄 수 있다. 무엇보다 눈에 잘 띄지 않아 업무 중에도 부담 없이 사용할 수 있다는 장점이 있다.

전통적인 정신의학이나 심리학은 주로 언어적 접근에 집중해 왔고, 신체적 접근은 상대적으로 소홀했다. 그러나 우리의 몸은 생각보다 훨씬 더 많은 것을 알고 있다. 너무 머리로만 이해하려 하지 말고, 스스로 편안함을 느낄 수 있는 작은 행동부터 시작해보자. 몸의 신호에 귀 기울이고 '편안하다', '쾌적하다'는 느낌을 주는 사소한 움직임을 일상에서 하나씩 찾아 늘려가는 것이 중요하다.

반대로 몸이 불편함을 느끼는 장소나 상황이 있다면, 그 이유를 조용히 자신에게 물어보자. 예상치 못한 이유를 깨닫고, 감춰진 상처를 자각할 수도 있다(이는 2장에서 설명한 PTSD의 회피 증상과도 연결된다). 또한, 그 상황을 피할 수 있는 방법을 찾아보는 것도 좋은 대처법이 될 수 있다.

4-8

상처받은 사람 곁에서, 그리고 나 자신에게

지금까지 상처받은 자신을 치유하는 여러 가지 방법에 대해서 이야기했다.

마지막으로 꼭 전하고 싶은 말은, 마음에 상처를 안고 살아가는 사람이 바로 당신 옆에도 있다는 사실이다.

누구나 크고 작은 상처를 품고 있지만, 그걸 말하지 않는 사람이 훨씬 더 많다.

트라우마를 겪은 사람이 회복하고 다시 자립적인 삶을 살기 위해서는 '역량 강화(Empowerment)'가 매우 중요하다. 역량 강화란, 본래 내 안에 있던 힘을 스스로 떠올리고, 되찾아 발휘하는 것을 뜻한다. 또한, 자신을 둘러싼 환경이나 사회 구조를 변화시킬 힘을 갖는 것도 포함된다.

여기서 가장 중요한 점은, 외부에서 누군가가 힘을 '주는' 것이 아니라 내면에서 그 힘을 '일깨우는' 데 있다는 것이다. 그리고 잊고 있던 그 힘을 되찾고 다시 자신을 믿기 위해서는 주변 사람들과의 유대가 반드시 필요하다. 하지만 상처를 가진 사람 곁에서 지속적으로 관계를 유지하는 일은 결코 쉽지 않다. 그럴 때는 '내가 같은 입장이라면 어땠을까?' 하는 관점에서 생각해 보는 것이 큰 도움이 된다.

3장에서 언급했듯, 정신건강의학과 의사나 상담자들은 트라우마나 상처에 이야기할 때 의도적으로 "흔히 있는 일입니다"라는 말을 즐겨 쓴다.

이 표현은 결코 그 사람의 경험을 가볍게 여긴다는 의미가 아니다. 오히려 "당신이 약하거나 이상한 감정을 가진 것이 아니라, 누구라도 같은 상황이라면 비슷한 감정을 느낄 수 있습니다"라는 위로와 공감의 메시지를 전하려는 것이다.

상처를 가진 사람들은 종종 자기 자신을 소심하거나 마음이 약하다고 자책하기 쉽다. 그러나 그것이 인간이라면 누구나 겪을 수 있는 보편적인 경험이라는 사실을 이해하는 것만으로도 큰 위로와 회복의 시작이 될 수 있다.

만약 "흔히 있는 일입니다"라는 표현이 부담스럽게 느껴진다면 "그 상황이라면 누구라도 그렇게 느끼는 게 당연해요"

또는 "저도 같은 입장이었다면 그렇게 느꼈을 거예요" 같은 따뜻한 공감의 말을 전해주면 된다. 이런 말들은 당사자가 자신의 감정이 비정상적이지 않다는 것을 알게 해주고, 마음의 안정을 찾는 데 큰 힘이 된다.

4-9

그저 곁에 있어 주는 것만으로도 큰 힘이 된다

상처를 입은 사람에게 말을 건네는 일은 결코 쉽지 않다. "그냥 내버려 두면 좋겠다"고 말할 수도 있기 때문이다. 하지만 그것은 단순히 관심을 끊고 떠나라는 뜻이 아니다. 오히려 "그냥 옆에 있어 달라"는 요청일 수도 있다. 문제는 그저 곁에 있는 것조차 쉬운 일은 아니라는 것이다.

사례 6

정년퇴직을 앞둔 아버지가 근무 중 뇌경색을 겪어 이후 일을 할 수 없게 되었다. 아버지는 일에 대한 열정이 컸기에, 일을 못 한다는 현실에 깊은 상처를 받은 듯하다. 가족들은 생활적인 지원을 최대한 돕고 있지만, 아버지 마음의 상처를 어떻게 보듬어야 할지 막막하다.

이럴 때 가족들이 어떻게 지원해야 할지 망설이는 것은 매우 자연스러운 일이다. 가장 중요한 것은 불필요한 말을 삼가고, '그저 곁에 있어 주는 것'이다. 무엇보다도 시간이라는 약이 상처를 치유할 때까지 묵묵히 기다려주는 것이 중요하다. 아버지가 스스로 새로운 길을 찾을 때까지 기다려주는 방법밖에 없기 때문이다.

뇌경색으로 인해 일을 그만둔 것은 바꿀 수 없는 현실이다. 하지만 그 현실 속에서 긍정적인 무언가를 함께 찾는 것이 중요하다. 다만, 너무 조급해 하면 안 된다. 사람 마음은 쉽게 바뀌지 않는다. 가족들이 아버지가 예전처럼 회복되기를 바라는 마음에 다가가면, 오히려 아버지가 더 초조해질 수 있다. 따라서 '시간이 약'이라는 말을 믿고, 가족들도 여유를 가지고 기다려주는 것이 필요하다.

가족들이 불안하고 초조한 감정을 느끼는 것도 당연한 일이다. '건강했던 아버지'를 잃는다는 것은 누구에게나 큰 슬픔이자 깊은 상실의 경험이기 때문이다. 그만큼 자신의 상처를 외면하지 않고 제대로 받아들이는 것이 중요하다.

마음의 치유에서 가장 중요한 것은 상대의 속도에 맞춰 다가가 귀 기울여 주는 일이다. 때로는 침묵조차 존중하며 그저 곁을 지켜주는 것만으로도 큰 위로가 된다. 이는 전문가가 아니더라도 누구나 할 수 있는 일이다.

처음에는 상처받은 사람을 어떻게 대해야 할지 몰라 당황하거나, 예상치 못한 반응에 놀라거나 화가 날 수도 있다. 또한, 어디까지 깊이 들어가야 할지 몰라 불안해질 수도 있다. 그럼에도 불구하고, 그저 옆에 있어 주는 것에는 말로 다 할 수 없는 무한한 가치가 있다.

상처는 너무 고통스러워 직접 들춰보기보다 그 주위를 맴도는 경우가 많다. 그러나 우리는 그 상처를 통해 인간의 약함을 깨닫고, 부드러움과 유연성, 관용을 배우며, 살아 있다는 사실 자체의 가치를 느낄 수 있다.

이 단순한 진리들이야말로 우리가 상처를 겪을 때나, 상처를 안고 살아가는 사람과 함께할 때 큰 힘이 된다. 그리고 사람과 사람을 이어주는 소중한 밑바탕이 된다는 사실을 잊지 말아야 한다.

끝맺으며

 이 책을 읽어주신 여러분께 진심으로 감사드린다.

 이 책은 편집부를 비롯해 교정, 디자인, 일러스트, 인쇄 등 많은 분들의 협력과 정성 덕분에 완성될 수 있었다.

 혼자였다면 표현하기 어려웠던 말들이 대화 속에서 자연스럽게 흘러나왔고, 질문과 답을 주고받는 과정에서 당연하게 여겼던 것들의 소중함을 새롭게 깨닫게 되었다.

 '상처'에 대해 다시 한 번 깊이 생각해 볼 수 있었던 이 경험은 내게도 매우 소중했다.

 이제 이 책을 통해 여러분이 얻은 깨달음과 경험이 널리 퍼져 나가기를 바라며, 그 과정에서 함께 나누고 성장할 수 있기를 진심으로 기대한다.

 감사합니다.

— 미야지 나오코

옮긴이의 말

상처, 그 너머의 이야기

이 책을 처음 접했을 때, '상처'라는 단어가 낯설지 않았다. 흔히들 "이번 생은 처음"이라고 하듯, 나 역시 상처를 주고받으며 살아왔기 때문일 것이다.

이 책은 일본의 정신건강의과 의사이자 히토쓰바시대학 대학원 교수인 미야지 나오코(宮地尚子) 박사가 쓴 심리학 입문서이다. 하지만 이 책이 말하는 '상처'는 단순한 개인의 고통이나 불행만을 뜻하지 않는다. 누구나 크고 작게 겪는 감정의 상처를 심리학적 언어로 풀어내며, 그 복잡한 마음의 흐름을 어떻게 이해하고 회복할 수 있는지를 안내한다.

한국 사회에서는 여전히 심리학이 특정 문제나 위기 상황에 한정된 '전문적인 조언'으로 여겨지는 경향이 있다.

'상처'라는 말도 때로는 지나치게 큰 고통이나 트라우마를 떠올리게 한다. 그러나 미야지 박사는 상처받은 마음을 거

창하게 다루지 않는다. 매일 겪는 일상 속 작고 미묘한 감정의 결들을 섬세하게 짚어낸다. 예컨대, '마음을 방어하는 기술', '감정을 다루는 말의 태도', '상처를 치유하는 연결의 힘' 같은 주제는 누구나 겪지만 말로 표현하기 어려운 것들이다. 미야지 박사는 그런 미묘한 마음의 움직임을 다정하고 조심스럽게 풀어낸다.

  이 책을 번역하면서 가장 인상 깊었던 메시지는 "상처받는 그 순간이 오히려 기회가 될 수 있다"는 것이다. 처음에는 쉽게 와닿지 않았지만, 문장을 옮기고, 다시 읽고 다듬는 과정에서 그 말은 조용히 내 마음 한구석을 두드렸다.
  "약한 사람이라서 상처받는 게 아니고, 강한 사람이라서 극복하는 것도 아니다. 상처를 입었다는 건, 그저 내가 '사람'이기 때문이다."
  또 하나, 번역하는 내내 새기고자 했던 것은 상처 치유의 길은 결국 '관계 속에서' 열린다는 메시지다.
  그저 덮어두기만 해서는 풀리지 않는 마음이 있다. 스스로에게 먼저, 혹은 누군가와의 관계 안에서 내 마음을 세심히 살피고, 감정을 외면하지 않으려는 노력이 진정한 회복의 시작임을 이 책을 통해 다시 배웠다.

이 책은 심리학 공부를 하는 사람만을 위한 책이 아니다.
"내가 왜 이렇게 민감하게 반응했을까?",
"그 말이 왜 그렇게 아프게 들렸을까?",
"왜 나는 자꾸 쉽게 상처받는 걸까?"
이런 사소한 질문들에서 출발해 내 마음을 더 깊이 이해하고 싶을 때, 이 책은 조용히 곁에 앉아 함께 그 마음을 바라봐 준다.

번역가로서 부족하고 서툰 점이 많지만, 이 책에서 느낀 조심스럽고 다정한 온기가 독자 여러분께도 그대로 전해지기를 진심으로 바란다.

— 2025년 6월, 박혜경

오늘도 견뎌온 당신에게
상처받은 마음을 다시 일으키는 심리 수업

발행 · 2025년 6월 30일

지은이 · 미야지 나오코
옮긴이 · 박혜경

발행인 · 옥경석
펴낸곳 · 주식회사 에이콘온

주소 · 서울시 양천구 국회대로 287 (목동)
전화 · 02)2653-7600 | **팩스** · 02)2653-0433
홈페이지 · www.acornpub.co.kr | **독자문의** · www.acornpub.co.kr/contact/errata

부사장 · 황영주 | **편집장** · 임채성 | **편집** · 강승훈, 임지원, 임승경 | **디자인** · 윤서빈
마케팅 · 노선희 | **홍보** · 박혜경, 백경화 | **관리** · 최하늘, 김희지

**에이콘온(ACON-ON) - 에이콘온은 'ON'이라는 단어처럼,
사람의 가능성에 불을 켜는 콘텐츠를 지향합니다.**

인스타그램 · instagram.com/acorn_pub
페이스북 · facebook.com/acornpub
유튜브 · youtube.com/@acornpub_official

Copyright ⓒ 주식회사 에이콘온, 2025, Printed in Korea.
ISBN 979-11-94409-28-1
http://www.acornpub.co.kr/book/9791194409281

책값은 뒤표지에 있습니다.